그리스도인은 왜
인문학을 공부해야 하는가?

IVP(InterVarsity Press)는
캠퍼스와 세상 속의 하나님 나라 운동을 지향하는
IVF(InterVarsity Christian Fellowship)의 출판부로
생각하는 그리스도인을 위한 문서 운동을 실천합니다.

그리스도인은 왜
인문학을 공부해야 하는가?

신학과 인문학의 대화

김용규

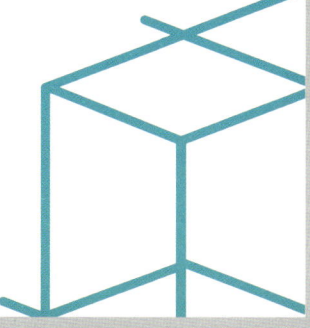

Ivp

차례

7 머리말 _위대한 전통의 일부가 되자!

15 정통신학과 플라톤주의
24 중세 신학과 아리스토텔레스주의
32 종교개혁 신학과 인문주의
44 자유주의 신학과 자유주의
51 포스트모던 신학과 포스트모더니즘
60 기독교 신학의 본질과 사명
67 신의 죽음과 그 이후의 풍경들
76 위험사회와 유동하는 공포
81 실리콘밸리가 만든 신흥 종교
84 무신론적 인본주의의 불가능성
89 작은 이야기가 낳은 폭력
94 부러진 모세의 지팡이
97 공허와 맹목 사이로 난 길
104 너희도 온전하라
107 온전한 가치, 온전한 신학을 위하여

111 주

 QR코드를 통해 『그리스도인은 왜 인문학을 공부해야 하는가?』에 나오는 도표를 한눈에 볼 수 있습니다.

머리말

위대한 전통의 일부가 되자!

2018년 봄, 『신』(IVP)을 출간한 것을 계기로, 몇 번의 중요하고 의미 있는 강연을 할 기회가 있었습니다. 그 책의 부제가 '인문학으로 읽는 하나님과 서양 문명 이야기'이다 보니 강연에서 자연스레 신학과 인문학의 관계를 다루었는데, 그때 준비한 강연 원고가 이 책의 초고가 되었습니다. 책으로 만들면서 분량이 조금 늘었지만, 전하고자 하는 이야기는 한결같습니다.

나는 먼저, 기독교 신학은 지난 2천 년 동안 성서의 계시와 시대의 인문학, 신앙과 이성, 헤브라이즘과 헬레니즘, 즉 서로 이질적이고 때로 상반되는 둘이 만나 빚어낸 거대하고 아름다운 정신적 구조물임을 밝힐 것입니다. 또한 그렇기 때문에 기독교 신학 안에는 서로 대립하는 요소들의 통합과 융합을 이뤄 낼 수 있는 논리, 지식, 지혜, 경험이 쌓여 있다는 것, 그리고 바로 그러한 이유에서 오직 기독교 신학이 오늘날 우리가 당면한 분열과 투쟁과 파국의 시대를 구원할 수 있으리라는 것을 차례로 이야기할 것입니다.

강연 원고에서 비롯한 작은 책이다 보니, 전하려는 주제에 집중하기 위해 때로 제기될 수 있는 의문과 그에 관한 해명은 부득이 생략했습니다. 그 대신 연관된 추천 도서와 간략한 설명을 곳곳에 각주로 달아 놓았으니, 필요한 경우 찾아보시면 도움을 얻을 것입니다. 이 점에 양해를 구하며, 이야기를 시작하기 전에 신학과 인문학의 관계에 관해 한 가지만 미리 짚고 넘어가고자 합니다.

아시듯이, 인문학(humanities)이란 어느 한 특정한 학문이 아닙니다. 인간에 관련한 문제를 다루는 학문 모두를 가리키는 용어지요. 이 점에서 인문학은 사회현상을 다루는 사회과학과 일단 구분되고, 자연현상을 탐구하는 자연과학과도 구별됩니다. 방법론적으로는 인문학은 사변적인 데 반해, 사회과학과 자연과학은 실증적이라는 점에서 구별되기도 합니다.

그렇다면 기독교 신학은 인문학의 한 분야임이 분명합니다. 그러나 이 책에서는 신학을 여타 인문학과 구분해서 다루고자 합니다. 지난 2천 년 가까운 세월 동안 신학과 인문학이 맺어 온 관계를 조명하고, 다른 인문학과 구분되는 기독교 신학 고유의 본질과 사명이 무엇인지를 확인하기 위해서는 먼저 그 둘의 구분이 필요하기 때문입니다.

내가 보기에 기독교 신학은 제일 학문(scientia prima)입니다. 인간이 상상할 수 있는 가장 높은 이상을 추구한다는 점에서, 그럼에도 세속적 세상의 구원을 목표로 한다는 점에서 기독교 신학은 제일 학문입니다. 인간이 추구하는 가치들의 가장 높은 봉우리를 지향한다는 점에서, 그럼에도 죄와 악의 가장 깊은 구렁텅이에 빠진 인간의 구원을 목적으로 한다는 점에서 기독교 신학은 제일 학문입니다. 요컨대 다른 어떤 학문보다 드높은 이상을 추구하고, 다른 어떤 학문보다 폭넓은 가치를 탐구한다는 점에서, 또한 바로 그렇기 때문에 다른 모든 학문이 그 바탕에서 출발해야 한다는 의미에서 기독교 신학은 제일 학문입니다.

나는 적어도 이 점에서는 우리가 기독교 신학에 대해 자부심을 가져도 좋다고 생각합니다! 그리고 이 자부심은 지난 2천 년 동안 사도들과 순교자들 그리고 위대한 신학자들과 신실한 그리스도인들이 하나님 나라가 이 땅에 임하게 하기 위해 목숨 바쳐 지켜 온 전통에서 유래한 것이기도 합니다. 나는 우리도 긍지를 갖고 이 위대한 전통의 일부가 되자고 독자들에게 권하기 위해 이 작은 책을 썼습니다. 출간을 도운 IVP의 담당자들과 강의를 경청해 주신 청중들, 그리고 거친 초고를 읽고 유용한 조언을 해 주신 분들께 머리 숙여 감사드립니다.

청파동에서
김용규

그리스도인은 왜 인문학을 공부해야 하는가?

우리는 주변에서 신학과 인문학이 서로 '무관하다'거나 '대립한다' 또는 '적대적이다'라는 견해들을 자주 접합니다. 이러한 현상은 일찍이 '라틴 신학의 아버지'라 불리는 테르툴리아누스(Tertullianus, ?160-?220)가 "아테네와 예루살렘이 무슨 관계가 있는가? 아카데미와 교회 사이에 무슨 일치가 있는가?"라고 외쳤을 때부터 시작되었다고 할 수 있지요. 그 주장이 근대 이후부터 특히 두드러지게 나타났는데, 근래에는 "그리스도인이 왜 인문학을 공부해야 하는가?" 하는 형태로 사람들의 입에 오르내리고 있습니다. 이 글은 그에 대한 나의 대답이라 할 수 있습니다.

신학과 인문학은 그 지향하는 바와 방법론이 서로 다릅니다. 거칠게 표현해 신학이 신 중심적 사유 체계라면 인문학은 인간 중심적 사고 체계라고 할 수 있습니다. 그러니 이 둘이 서로 만났을 때 세부적으로야 대립과 갈등이 없을 수는 없겠지요. 그러나 신학과 인문학이 서로 무관하다는 2세기 라틴 교부의 말은 기독교 신학이 2천 년 가까운 역사를 갖기 이전에 나온 것입니다. 서로 대립한다거나 적대적이라는 생각은 근대 이후 나무만 보고 숲은 보지 못한 일부 철학자들의 입에서 나왔지요. 시대에 따라 크고 작은 차이는 있었지만, 큰 틀에서 보면 인문학은 기독교 신학에 부단히 새로운 피를 공급해 왔습니다.

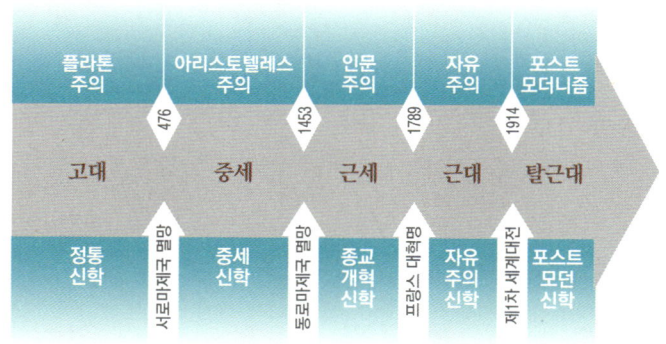

도표 1 기독교 신학과 인문학

정말 그런지 도표를 잠시 볼까요? 우선 나는 서양의 역사를 관례대로 고대(ancient times), 중세(the Middle Ages), 근세(early modern times), 근대(late modern times), 탈근대(post modern times)로 구분하고, 고대는 서로마제국의 멸망(476년)까지로, 중세는 동로마제국의 멸망(1453년)까지로, 근세는 프랑스 대혁명(1789년)까지로, 근대는 제1차 세계대전(1914년) 발발까지로, 탈근대는 그 이후부터로 잡았습니다.

도표에 나타나 있듯, 고대 신학은 플라톤주의, 중세 신학은 아리스토텔레스주의 철학의 도움을 받아 이뤄졌고, 근세에는 개혁신학이 인문주의라는 문예사조의 영향을 받았습니다. 근대에 자유주의 신학이 등장한 것도 당시를 풍미했던 사회사상인 자유주의의 영향 때문이었고, 오늘날도 시대의 사조인 포스트모더니즘이 기독교 신학에 암암리에 영향을 미치고 있습니다. 물론 역사는 한 덩어리입니다. 그 안의 사건들이 서로 면밀히 연결되어 있지요. 그래서 이러한 시대 구분은 단순화가 가져오는 부작용을 어느 정도 감수해야 합니다. 그럼에도 한 가지 변치 않는 사실은 시대를 불문하고 인문학이 신학에ㅡ크든 작든, 긍정적으로든 부정적으로든ㅡ부단히 영향을 끼쳐 왔다는 점입니다.

정통신학과 플라톤주의

이제부터 시대별로 조금 자세히 들여다볼까요? 잘 아시듯이, 기독교 신학은 본디 2세기경 알렉산드리아를 중심으로 한 북부 아프리카에서 그리스 철학과 기독교가 만나면서 시작되었습니다. 이 시기는 기독교가 외적으로는 다른 종교와의 구분을 위해, 그리고 내적으로는 내부의 이단자들과의 구별을 위해 시급히 교리를 구성하고 사상을 체계화해야 할 때였지요. 그런데 이 작업에 혁혁한 공헌을 한 것은 오늘날 우리가 신플라톤주의라고 부르지만, 당시 사람들은 그저 '플라톤주의'라고 부르던 철학이었습니다.

그러나 어떻게 이런 일이 일어날 수 있었을까요? 앞에서 소개한 테르툴리아누스의 말처럼 아테네와 예루살렘, 아카데미와 교회는 근본적으로 그리고 태생적으로 서로 달랐기 때문에 하는 말입니다. 그리스인들이 이성을 통해 세계와 삶을 사변적으로 파악해 나갈 때, 히브리인들은 신앙을 통해 그것들을 종교적으로 체험하고 있었습니다. 철학이 이성을 통해 얻은 탐스러운 열매인 데 비해, 말씀은 계시로 주어진 고귀한 선물이었지요.

따라서 객관적으로 보면 그리스의 고대 철학과 히브리의 신흥 종교의 만남은 역사라는 기나긴 여정에서 발생한 우연한 사건이었고, 이 둘의 완전한 결합은 사실상 거의 불가능했지요. 그러나 신앙의 눈으로 보면, 전혀 다릅니다. 이 둘의 만남은 마치 하나님이 기독교를 위해 오래전부터 준비하신 것처럼 보이지요. 왜냐하면 계시로 주어진 하나님의 말씀을 이성적으로 설명하기에 안성맞춤인 이론들을 그리스 철학이 플라톤주의라는 이름 아래 이미 수백 년 전부터 개발해 갈고닦아 왔기 때문입니다. 초기 기독교 신학자들이 플라톤

도표 2 기독교 신학의 탄생
기독교 신학은 계시와 철학, 신앙과 이성을 두 축으로 하여 태어났다!

(Platon, 기원전 427-347)을 "예수가 탄생하기 400년이나 전에 존재한 그리스도인" 또는 "그리스어로 저술한 모세"라고 칭송한 것이 바로 그래서입니다.[2]

무슨 말인지, 고개가 갸우뚱한가요? 그럼 한 가지만 예를 들어 봅시다. 초기 기독교 신학자들이 시급히 해결해야 할 문제 중 하나는 오늘날 우리가 삼위일체론이라 부르는 것이었습니다. 즉 어떻게 성부, 성자, 성령이 각각이면서 또 하나일 수 있느냐를—누구보다도 외부 이교도들과 내부 이단들에게—이성적으로 설명하는 것이었지요. 당시 그리스도인들에게 그것은 실로 난해하기 짝이 없는 문제였습니다. 왜냐하면 '삼위일체'는 성서에 단편적 계시로 주어졌을 뿐[3] 신구약

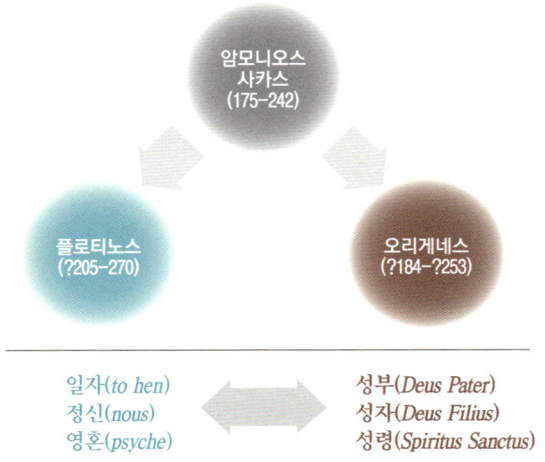

도표 3 정통신학과 플라톤주의

성서 그 어디에도 이에 대한 설명은 고사하고 용어 자체도 찾아볼 수 없기 때문이지요. 그런데 플라톤주의 철학이 이 문제를 해결할 정교하고 체계적인 이론을 이미 준비해 가지고 있었습니다.

도표 3을 볼까요? 왼편에 있는 플로티노스(Plotinos, ?205-270)는 신플라톤주의의 창시자이자 『엔네아데스』(*Enneades*)의 저자인 철학자이고, 오른편에 있는 오리게네스(Origenes, ?185-?254)는 최초의 조직신학서로 평가되는 『원리론』(*De Principiis*)을 쓴 신학자입니다. 그런데 이들에 앞서 먼저 주목해야 할 사람이 중앙에 있는 암모니오스(Ammonios, 175-242)입니다. 알

렉산드리아에서 부두 노동자로 일하며 생계를 꾸렸기 때문에 '짐꾼'을 뜻하는 사카스(Sakkas)라는 별명이 그의 이름에 따라다닙니다. 이 사람이 당대의 철학과 신학을 각각 대표하는 플로티노스와 오리게네스, 두 사람 모두의 스승입니다.

암모니오스는 중기(中期) 플라톤주의자였습니다. 그가 당시 관습을 따라 구술로 제자들을 가르치고 저술을 남기지 않았기 때문에, 그의 가르침이 정확히 무엇인지는 알려지지 않았습니다. 하지만 그보다 조금 앞서 살았던 같은 중기 플라톤주의자인 알비누스(Albinus, 2세기경)가 남긴 『교훈집』(Dikaskalikos)을 보면,[4] 암모니오스가 제자들에게 무엇을 가르쳤는지를 짐작할 수 있습니다.

플라톤주의자들에 따르면, 일자(一者)는 만물이 그에게서 생겨나, 그에게로 돌아가는 근원이자 만물을 끌어안고 있는 포괄자입니다. 그는 생성되지 않고 소멸되지 않으며, 규정할 수 없는 자이기에 모든 규정할 수 있는 것들의 바닥에 깔린 심연이고, 한정할 수 없는 자이기에 모든 한정할 수 있는 것의 바탕이지요. 따라서 그는 모든 진리의 근거이기도 합니다.[5] 우주 만물은 모두 이 일자로부터—마치 빛이 발광체의 주위로 번지듯이, 향기가 꽃의 주변으로 퍼지듯이—유출되어 나왔습니다.

그 과정을 간략히 설명하자면, 맨 먼저 일자로부터 '정신'

이 일자 안에 유출됩니다. 그리고 정신이 자기 직관을 통해 세계 창조를 위한 모든 참된 형상(idea)들을 자기 안에 만들지요. 그것을 정신에서 유출된 '영혼'이 순차적으로 현실화하는 방식으로 세계를 창조합니다. 그러니 일자, 정신, 영혼은 하나이지만, 하는 일은 각각입니다.[6] 대강 이런 내용을 암모니오스가 제자들에게 가르쳤을 것입니다. 그것이 플로티노스의 『엔네아데스』 안에 정교하고 우아한 사변으로 정리되어 고스란히 실렸지요.[7]

그런데 암모니오스는 단순한 철학자가 아니고 그리스도인이기도 했습니다. 그래서 그가 알비누스의 『교훈집』에서 이런 내용들을 보았을 때, 어떠했는지는 가히 상상할 수 있습니다. 머리는 충격으로 아득했고, 가슴은 환희로 가득했겠지요. 왜냐하면 그가 읽은 철학적 사변이 자기가 믿는 종교의 성부, 성자, 성령의 관계와 사역을 설명하는 데 안성맞춤이었기 때문입니다. 그래서 사랑하는 제자인 오리게네스에게 가르쳤을 겁니다. 그것을 오리게네스가 『원리론』에 은혜롭고 성스러운 교리로 정리해 고스란히 담았지요.[8]

어디 삼위일체론뿐이겠습니까? 그것은 빙산의 일각일 뿐이지요! 기독교 역사를 통틀어 가장 위대한 신학자로 평가받는 아우구스티누스(Augustinus, 354-430)는 『고백록』(*Confessiones*)에서 플라톤주의 철학에 대해 "표현은 다르지만 내용적으로는 기독교 진리와 완전히 같은 부분이 수없이 다양한 논거에 의해 납득되도록 서술되어 있다"[9]고 경탄했을 정도였습니다. 공정하게 말하자면, 초기 기독교 사상가들이 정리한 기독교 교리와 사상 중 그 어떤 것도 그리스 철학에서부터 나온 것은 없지만, 그중 어느 것도 그리스 철학의 영향 아래서 정리되지 않은 것이 없다고 해야 할 것입니다.

그렇습니다! 기독교 신학은 이렇듯 히브리 계시와 그리스 철학이 만나 이뤄졌습니다. 불타는 용암(鎔巖)과 차가운 빙하(氷河)가 만나 일구어 낸 기적의 땅에서 태어나 자라났지요. 물론 앞에서 잠시 언급했듯, 신 중심적 사유와 인간 중심적 사고, 신앙과 이성, 헤브라이즘과 헬레니즘, 이 두 이질적 요소가 기독교 신학이라는 하나의 체계 안에 함께 있다 보니, 그 사이에 대립과 갈등이 없을 수는 없었습니다.

성육신(聖肉身) 문제가 그중 대표적입니다. 플라톤주의자이면서 기독교로 개종한 초기 기독교 신학자들이 볼 때 성육신을 뜻하는 라틴어 '인카르나티오'(*incarnatio*)는 매우 생소하고 도저히 이해할 수 없는 개념이었습니다. 플라톤이나 플로티노스의 저서에는 언급조차 되지 않은 용어였기 때문이지요. 그래서 그들은 고대 교회 예배당 벽에 "태초에 말씀이 계시니라"(요한복음 1:1)라는 구절은 황금 글자로 새겼지만, "말씀이 육신이 되어 우리 가운데 거하시매"(요한복음 1:14)라는 구절은

입에 담기조차 꺼렸다고 합니다.[10]

이 때문에 교회에는 당연히 갈등이 있었고 결국에는 오늘날 우리가 아리우스 논쟁(Arian controversy)이라 부르는 불꽃 튀는 투쟁이 시작되었습니다. 우여곡절 끝에 325년 니케아에서 콘스탄티누스 대제(Constantinus, 306-337 재위)가 주제한 제1차 공의회가 개최되었습니다. 『엔네아데스』를 따라 성육신을 인정하지 못하는 오리게네스 좌파를 대변한 안디옥 감독 아리우스(Arius, 256-336)와 요한복음을 따라 성육신을 주장하는 오리게네스 우파를 대표한 알렉산드리아 감독 아타나시우스(Athanasius, 295-373)가 치열하게 다투었지요.[11] 결국 아리우스파가 정죄되고, 니케아 신조(the Creed of Nicaea)가 공포되었습니다.

신조 안에는 "그(예수 그리스도)는 나셨고 만들어지지 않았으며, 아버지와 동일본질(*homoousios*)이고, 그를 통해 하늘에 있는 것이나 땅 위에 있는 모든 만물이 존재하게 되었다. 그는 인간과 인간의 구원을 위해 하늘에서 내려오셨고, 성육신하여 인간이 되셨으며, 고난을 당하시고, 사흘 만에 살아나시어 하늘에 오르셨으나, 산 자와 죽은 자를 심판하러 오실 것이다"라는 구절이 들어 있습니다. 공의회에 참석한 거의 모든 감독이 이 문서에 서명했고, 바로 이것이 성육신이 교회 안에 공식적으로 또한 보편적으로 받아들여진 계기가 되었습니다. 동시에 기독교 신학이 자신이 받아들인 그리스 철학의 부작용을 공적으로 극복한 첫 번째 사례가 되었지요.

아리우스 논쟁은 신학에 끼친 인문학의 영향을 살펴보는 우리의 이야기와 연관해서도 대단히 중요합니다. 그 결과물인 니케아 신조가 기독교 신학이 시대의 인문학인 플라톤주의를 어떻게 받아들이고, 거기서 발생하는 부작용을 어떻게 해소했는지를 또렷이 보여 주기 때문입니다. 그럼에도 여기서 분명히 하고자 하는 것은, 신약성서의 정경화, 신앙고백의 확정, 교회 제도의 확립 등 정통신학의 흔들리지 않는 초석을 다진 초기 기독교 신학이 플라톤주의 철학을 기반으로 해서 이뤄졌다는 사실입니다. 그리고 이후에도 기독교 신학은 시대마다 새로운 도전으로 다가오는 인문학을 배척하기보다 끌어안아 거기서 생기는 부작용은 부단히 극복하면서 스스로의 정체성을 구축하며 성장해 왔다는 거지요.

나는 이것이 기독교 신학이 지닌 약점이 아니라 오히려 강점이라고 생각합니다. 왜냐하면 기독교 신학은 영원불변하는 하나님의 사역을 설명할 뿐 아니라 수시로 변하는 사람들의 삶에 대해서도 교훈할 수 있어야 하기 때문입니다. 하나님의 말씀이 수천 년 전 가나안 땅에서 무엇을 뜻했는가 하는 것뿐 아니라, 그 말씀이 시대마다 그 시대를 사는 사람들에게 어떤 의미를 갖는가에 대해서도 답을 줄 수 있어야 하기 때문이지요. 이는 시대의 인문학을 도외시하고서는 도저히 불가능합니다.

중세 신학과 아리스토텔레스주의

고대에 플라톤주의가 한 바로 그 일을 중세에는 아리스토텔레스주의가 했습니다! 특이한 것은 플라톤주의를 통해 초기 기독교 신학에 깊숙이 관여한 플라톤 사상과 달리, 아리스토텔레스 철학은 논리학 저서인 『오르가논』(Organon)을 제외하면 적어도 12세기 초까지는 기독교와 아무런 관련이 없었다는 사실입니다. 그리스 철학에서 아리스토텔레스(Aristoteles, 기원전 384-322)가 차지하는 위상을 감안하면, 깜짝 놀랄 만한 일인데요, 거기에는 이유가 있습니다. 그의 철학이 아직 기독교와 손잡기 전인 6세기 초에 유스티니아누스 황제(Justinianus I, 483-565)가 칙령으로 아테네에서 모든 철학학교를 폐쇄했기 때문입니다.

그 후 아리스토텔레스 철학은 시리아와 페르시아, 이집트와 모로코 같은 변방을 떠돌아다니다가, 십자군 전쟁이 지속되던 12세기 중엽에서야 이븐 시나(Ibn Sina, 980-1037), 이븐 루시드(Ibn Rushd, 1126-1198) 같은 아랍 철학자들의 저서를 통해 서구에 전해졌습니다. 우리가 보통 아리스토텔레스주의

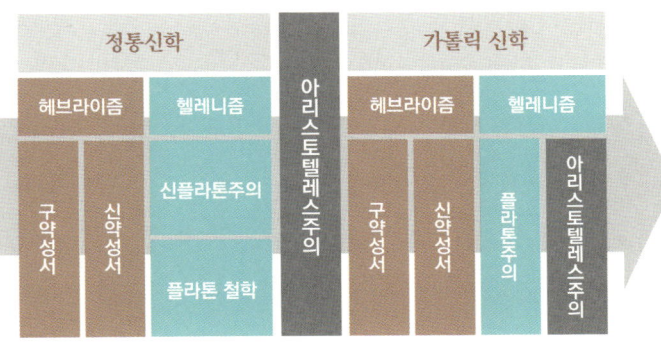

도표 4 중세 신학과 아리스토텔레스주의
중세에는 신학이 곧 철학이고, 철학이 곧 신학이었다.

(Aristotelianism)라 일컫는 이 철학이 전해지자 당시 진보적 성격을 지녔던 나폴리 대학교와 도미니쿠스 수도회에 속한 많은 젊은 신학자와 수도사들은 그것을 활용하여 성서를 새롭게 해석하기 시작했습니다.

물론 그렇다고 당시 이미 천 년 가까이 기독교 신학 안에 뿌리내린 플라톤주의가 삽시에 모두 사라졌다는 뜻은 아닙니다. 플라톤주의는 기독교 정통신학의 기본 틀로 자리 잡아 중세는 물론이거니와 이후에도 시대를 관통하여 내려오고 있습니다. "서양철학이 플라톤에 대한 일련의 각주라고 말할 수 있듯이 서구의 기독교 신학도 아우구스티누스의 각주라고 말할 수 있다"[12]는 시카고 대학교의 교수 대니얼 윌리엄스(Daniel D. Williams)의 주장이 대변하듯이, 기독교 거의 모든 종파에서 플라톤주의의 위대한 열매[13]라 할 수 있는 아우구스티누스의 신학을 계승하고 있다고 선언하는 것이 그 증거지요.

이런 까닭에 아리스토텔레스주의 철학이 서구에 전해진 초기에는 플라톤과 아우구스티누스 사상에 근거한 교부신학(Theology of church fathers)을 고수하던 로마 교황청, 베네딕투스 수도회, 프란체스코 수도회 그리고 대부분의 대학에서 이 새로운 사상을 경계했습니다. 중세 기독교 사상사에서 프란체스코 수도회와 도미니쿠스 수도회의 대립으로 나타난 교부신학과 스콜라신학(scholasticism) 사이의 갈등이 이때 시작되었지요. 영화로 만들어져 더욱 유명해진 움베르토 에코(Umberto Eco, 1932-2016)의 소설 『장미의 이름』(*Il Nome Della Rosa*)이 이 갈등을 사건의 배경으로 삼았습니다.

그러나 이것은 일시적 현상일 뿐이었습니다. 늦게 핀 꽃이 아름답다는 말이 있듯이, 13세기 중엽부터는 이른바 스콜라주의의 전성시대가 도래했습니다. 아리스토텔레스가 가장 위대한 철학자로 숭배받기 시작했고, 14세기에는 거의 모든 수도원 학교와 대학에서 그의 철학을 강의했습니다. 이 시기에는 '신학이 곧 철학'이고 '철학이 곧 신학'이었습니다. 지금도 '스콜라신학'이라는 말과 '스콜라철학'이라는 말이 혼용되는 이유가 그 때문입니다. 토마스 아퀴나스(Thomas Aquinas,

?1225-1274)가 중세를 통틀어 가장 위대한 신학자로 숭배받은 것도 그가 스콜라신학을 집대성했기 때문이지요.

1323년, 교황 요한 22세는 아퀴나스를 성인(聖人)으로 추대했습니다. 이때 교황은 가톨릭교회가 성인을 추대할 때마다 관례적으로 행하는 기적사문(奇蹟查問)을 시행하지 않았는데요. "왜냐?" 하는 물음에는 "그가 남긴 『신학대전』이야말로 분명한 기적이기 때문"이라고 대답했다고 합니다. 『신학대전』은 기독교적 아리스토텔레스주의가 피워 낸 탐스러운 꽃이라 할 수 있습니다.

중세에는 이처럼 정통신학에 아리스토텔레스의 철학이 새로 첨가됨으로써 기독교 신학에서 철학의 비중이 더욱 커졌습니다. 이성의 역할이 더 강조되었다는 뜻이기도 하지요. 중세 가톨릭 신학의 이러한 변화를 두드러지게 보여 주는 예 중 하나는 '자연의 사다리'[14]와 '존재유비'[15]라는 아리스토텔레스에서 유래한 개념을 통해 '자연에 나타난 하나님의 계시'를 '그리스도 안에 나타난 계시'와는 다른 또 하나의 구원의 방법으로 여겼다는 것입니다.

요컨대 피조물인 자연에도 하나님의 진리가 들어 있기 때문에 인간은 이성을 통해 그것을 파악함으로써 마치 사다리를 올라가듯 점차 하나님께 다가가 마침내는 구원을 받을

도표 5 라몬 유이(Ramon Llull), 〈자연의 사다리〉, 1304

토마스 아퀴나스가 "우리는 여러 사물이 계층적으로 구분된다는 것을 알게 된다. 즉 생명이 없는 물체들 위에 식물이 있고, 식물들 위에는 이성이 없는 생물들이 있고, 또 이성이 없는 생물들 위에는 이성이 있는 존재가 있다는 것을 알게 된다. 그리고 이 모든 것은 그 완전성의 정도에 따라 차이가 난다"라고 묘사한 자연의 사다리는 중세 스콜라신학자들에게 구약성서에 나오는 '야곱의 사다리'(scala di Jacob)로 이해되었다.

수도 있다는 생각이지요. 흔히 "피조물의 사다리를 통한 정신의 신을 향한 상승"[16]이라는 말로 표현되는 존재유비 이론은 구원이 신앙을 통해서뿐 아니라 이성을 통해서도 이뤄질 수 있다는 오해를 낳았습니다. 17세기 영국의 시인 존 밀턴(John Milton, 1608-1674)은 『실낙원』(*Paradise Lost*)에서 이 그럴듯한 오해를 다음과 같이 멋지게 노래했습니다. "당신은 우리의 지식이 나아가야 할 방향을 훌륭히 / 가르쳐 주셨고, 또 중심에서 주위로 / 자연의 사다리를 놓으셨으니, 이로써 / 우리는 창조된 사물들을 관조하면서 / 한 단 한 단 하나님에게로 올라갈 수 있겠나이다."[17]

흥미로운 사실은 '오직 믿음으로'라는 종교개혁자들의 구호 아래 이 같은 오류를 바로 잡았던 프로테스탄트 신학 안에도 20세기 초에는 이성을 중시하는 자유주의 신학의 물결을 타고 존재유비 이론이 들어와 커다란 논쟁거리가 되었다는 점입니다. 스위스 출신 프로테스탄트 신학자 에밀 브루너(Emil Brunner, 1889-1966)가 1934년에 출간한 『자연과 은총』이 논쟁의 불씨를 붙였습니다. 브루너는 이 책에서 우선 세계가 하나님에 의해 창조되었다면 창조주의 영이 피조물의 세계에 각인되어 있을 것이기 때문에 창조도 '하나님의 계시'라는 것을 강조했습니다. 그리고 구원을 가져올 만큼 충분한 것은 아니지만, 인간은 이성에 의해 자연 안에서 하나님에 대한 인식에 도달할 수 있고 그 지식이 율법의 근거가 된다고 했지요. 그렇기 때문에 그리스도에 의해 나타난 역사적 계시에만 매달려 창조 세계 안에 있는 자연 계시를 피할 필요가 없다고도 주장했습니다. 또한 그래야만 구원에서 인간의 책임성을 물을 수 있다며 그 정당성도 피력했습니다.[18]

그러자 스위스의 신학자 칼 바르트(Karl Barth, 1886-1968)가 불같이 일어났지요! 그는 곧바로 「아니요! 에밀 브루너에 대한 대답」이라는 글로 맞섰습니다. 바르트는 브루너를 향해 창조와 자연 속에 일반 계시나 보존 계시는 존재하지 않는다면서, 브루너가 가는 자연신학의 길은 "크나큰 유혹이요, 오류의 원천"이라고 되받았지요.[19] 『교회 교의학』에서는 가톨릭 신학에서 인정하는 '존재 유비'는 하나님의 계시에 도전하는 "적그리스도적 고안물"[20]이라는 악담까지 쏟아부었습니다. 그리고 1934년 5월 29일 프랑크푸르트에 있는 바슬러 호프 호텔에서 여섯 개 항목으로 구성된 「바르멘 선언」(Barmen Declaration)을 발표했지요. 독일 고백교회를 비롯한 당시 보수적 프로테스탄트 성직자들과 신학자들 대부분이 바르트 편에 섰습니다. 결국 바르트의 승리로 끝났습니다.

우리의 이야기와 연관시켜 정리하자면, 이 사건도 역시 기독교 신학이 자기 안에 들어온 그리스 철학의 부작용에 저항함으로써 자신의 정체성을 지켜 나간 사례로 보아야 할 것입니다. 또한 중세에 가톨릭 신학을 통해 들어온 아리스토텔레스 철학의 영향이 오늘날까지도 기독교 신학 안에 여전히 남아 있다는 것을 확인해 준 사례라고 할 수도 있는데, 이처럼 중세 가톨릭 신학에서는 철학과 이성의 역할이 정통신학에 비해 더 강조되었지요. 비록 당시 신학자들이 철학을 '신학의 시녀'로 여기긴 했지만 말입니다.

이 이야기와 연관해서 인상적인 성화 하나가 있습니다. 이 그림은 14세기를 풍미했던 화가 프란체스코 트라이니(Francesco Traini)가 1341년에 그린 〈성 토마스 아퀴나스의 승리〉입니다. 이탈리아 피사에 있는 산타카테리나 성당 제단 뒤에 놓여 있는 이 그림의 상단 중앙에는 보시다시피 그리스도가 앉아 있습니다. 도상학자들에 따르면, 그 왼편에는 마

도표 6 프란체스코 트라이니, 〈성 토마스 아퀴나스의 승리〉, 1341

태, 누가가 각자 자기가 쓴 복음서를, 바울도 역시 자신이 쓴 서신서를 들고 앉아 있고, 오른편에는 모세가 십계명 돌판 두 개를, 그리고 요한과 마가가 역시 그들이 쓴 복음서를 들고 앉아 있지요. 그 아래 단의 한가운데에 토마스 아퀴나스가 『신학대전』을 들고 앉아 있고, 그 왼편에는 아리스토텔레스가 『형이상학』을, 오른편에는 플라톤이 『티마이오스』를 펴 들고 서서 아퀴나스를 올려다보고 있습니다. 그 하단 중앙에는 아리스토텔레스의 철학을 서구에 전한 아랍 철학자 이븐 루시드(아베로에스)가 비스듬히 앉아 있고, 그 좌우에는 철학자와 수사학자들이 무리 지어 있지요.

인물들의 이러한 위치 배정은 당연히 신학이 철학, 수사학 같은 인문학 위에 군림한다는 것을 의미하지만, 그것은 동시에 기독교 신학이 인문학에 바탕을 두고 서 있다는 것을 보여 준다고도 해석할 수 있습니다. 중세 수도원학교의 교육과정인 일곱 가지 자유학예(Septem artes liberales)에서 문법, 수사학, 변증법 같은 인문학이 다른 무엇보다 중요한 위치를 차지한 것도 이 같은 해석을 뒷받침합니다.

종교개혁 신학과 인문주의

다음을 볼까요? 1453년 동로마제국이 멸망한 다음부터 1789년 프랑스 대혁명이 일어나기까지를, 보통 'Early Modern', 우리말로는 근세(近世)라고 하지요. 이 시기에는 르네상스가 이탈리아에서 일어나 서구로 전파되었고, 종교개혁이 이뤄졌으며, 과학혁명이 일어났습니다. 그러자 사람들은 차츰 진리가 더 이상 종교나 철학에 있는 게 아니라 자연과학과 사회과학에 있다고 믿기 시작하고, 신앙에 의해 도달하는 하늘나라(kingdom of Heaven)보다 이성에 의해 땅 위에 세워질 유토피아(Utopia)를 추구하기 시작했지요. 한마디로 근세는 신앙에 대한 이성의 반란과 전복이 시작된 시기였습니다.

바로 이때 인문주의가 등장해 초기 종교개혁자들과 개혁

도표 7 종교개혁 신학과 인문주의
근세에는 인문주의가 종교개혁자들과 종교개혁 신학에 영향을 미쳤다.

신앙에 적지 않은 영향을 끼쳤습니다. 라틴어로 후마니타스(*humanitas*), 영어로 휴머니즘(humanism)으로 표기하는 이 개념은 특정한 철학 사상이 아닙니다. 그것은 넓은 의미에서 '인간을 존중하는 윤리적 태도'라고도 할 수 있지요. 그러나 좁은 의미의 휴머니즘, 즉 우리가 지금 '인문주의'라 부르는 것은 르네상스 시기 이탈리아에서 시작되어 16세기에 프랑스, 독일, 영국으로 퍼져 나간 특정한 문예사조이자 운동을 가리킵니다.

인문주의는 중세의 신 중심적 사상과 문화에서 탈피하는 것을 목적으로, 고대 정신을 재발견하여 인간 중심적 문화와 사상을 건립하고자 하는 지적 운동이었습니다. 그것은 "근원으로 돌아가라"는 의미의 아드 폰테스(*ad fontes*)라는 구호 아래, 시인, 문필가, 화가, 건축가, 문헌학자, 고고학자, 철학자들이 모여, 중세 천 년 동안 라틴어의 그늘에 묻혀 있었던 헬라어와 히브리어를 다시 익히고, 고대 문헌들을 집중적으로 연구하면서 시작되었지요.

이때 이들이 연구한 고대 문헌에는 헬라어로 쓰인 그리스 고전뿐 아니라, 히브리어로 적힌 성서와 기독교 고전들도 포함되어 있었습니다. 그로부터 '기독교 인문주의'(Christian humanism)가 자연스레 싹트기 시작했고, 초기 종교개혁자들이 여기에 속했습니다. 에라스무스(Erasmus, 1466-1536)와 같은 인문주의자들과 칼빈(Jean Calvin, 1509-1564) 같은 종교개혁자들의 공통점은 부패한 가톨릭교회와 교황청에 저항한다는 것과 그 이론적 대안이자 돌파구로 고전을 연구한다는 것이었습니다.

그런데 15세기 이탈리아 인문주의자들이 근원으로 돌아가자고 외쳤을 때, 그것이 과연 무엇을 뜻했을까요? 흔히 알려진 것과는 달리, 그것은 단순히 헬레니즘을 부활시키자는 것이 아니었습니다. 헬레니즘과 헤브라이즘, 바꿔 말해 그리스·로마 문화와 기독교 문화를 하나로 융합하자는 것이었지요. 그러기 위해 그들은 그리스·로마 신화와 성서 이야기를 융합하여 하나로 만들려는 웅대하지만 무모한 이상까지 품었습니다.

| 제우스 | 아폴론 | 예수 | 아프로디테 |
| 야훼 | 아담 | 예수 | 성모 마리아 |

도표 8 "근원으로 돌아가라"(*ad fontes*)

정말이냐고요? 그렇습니다! 이탈리아 르네상스의 시조인 알리기에리 단테(Alighieri Dante, 1265-1321)가 그 시원이자 대표적인 인물입니다. 그는 『신곡』에서 기독교에서 섬기는 신인 야훼(YHWH)를 아무 거리낌 없이 그리스·로마 신화에 나오는 제우스의 라틴어명인 '유피테르'(Jupiter)라고 부르는 터무니없는 짓을 저질렀습니다.[21] 오늘날 우리에게는 매우 생소하고 놀라운 사실인데요, 바로 이런 이상을 15·16세기 이탈리아 인문주의자들과 예술가들이 물려받았습니다.

도표 8에서 보듯이, 미켈란젤로, 라파엘로와 같은 르네상스 시대 화가들이 하나님을 제우스의 모습으로, 성모 마리아를 아프로디테의 모습으로, 예수님을 아폴론의 모습으로 그

린 것은 그래서입니다. 작업을 위해 미켈란젤로는 신플라톤주의 철학을 탐구했고,[22] 라파엘로는 제자들을 그리스·로마로 보내 고대 미술품들을 모사해 오게 했지요.[23]

도표를 자세히 볼까요. 미켈란젤로 부오나로티(Michelangelo Buonarroti, 1475-1564)의 〈최후의 심판〉에 등장하는 성모 마리아(하단 오른쪽 끝)와 로마 시대의 조각상 아프로디테(상단 오른쪽 끝)가 얼굴 모습뿐 아니라 자세까지 똑같이 취하고 있는 것이 눈에 띄지요? 특히 〈아담의 창조〉에 등장하는 아담의 모습(하단 왼쪽에서 두 번째)과 약 30년 후에 그려진 〈최후의 심판〉에서의 예수님의 모습(하단 왼쪽에서 세 번째)이 똑같은 것은 주목할 만합니다. 미켈란젤로가 둘 모두를 로마 시대에 만들어진 아폴론 조각에게서 따왔기 때문인데, 예수님의 모습을 그렇게 그리는 것은 당시에도 결코 흔한 일이 아니었습니다. 도표 상단 왼쪽에서 세 번째에 있는 레오나르도 다 빈치(Leonardo da Vinci, 1452-1519)의 〈살바토르 문디〉에서 보듯이, 6세기 이후부터 거의 천 년 동안 오늘날 우리에게 익숙한 모습, 곧 긴 머리에 수염을 기른 모습으로 예수님이 그려지고 있었습니다.

여기서 자연스레 의문이 하나 생깁니다. 르네상스 시대 이탈리아의 인문주의 학자와 예술가들이 왜 이렇게 상식에서 크게 벗어나는 황당한 일들을 감행했을까요? 답은 이렇습니다. 라틴어 '*fontes*'는 본디 '근원' 또는 '원전'을 가리키는 용어지만, 그들이 추구했던 '아드 폰테스' 가운데 폰테스는 시대를 불문하고 인간이 지향하는 최고의 진리, 최고의 선함, 최고의 아름다움을 의미했습니다. 그리고 그들은 그것이 고대 로마 문명의 특징인 헬레니즘과 헤브라이즘의 융합에 있다고 믿었지요. 그런데 중세 가톨릭교회가 그 균형을 무너트렸기 때문에, 르네상스 시대 학자와 예술가들은 인문주의 운동을 통해 헬레니즘을 '부활'시키고자 했던 겁니다. 바로 이것이 르네상스(Renaissance)라는 용어가 지닌 뜻입니다.

여기에서 주목할 것은 16세기 인문주의자들이 대부분 신플라톤주의 철학에 몰두한 반면, 기독교 인문주의자들은 너나없이 '스토아 철학'에 특별한 관심을 보였다는 사실입니다. 왜냐고요? 이유가 있었습니다. 신플라톤주의가 고대에서부터 중세까지 신학에 막대한 영향을 끼쳤다는 점 때문이었습니다. 이미 타락한 교회와 신학에 대항해 종교개혁을 외치던 16세기 기독교 인문주의자들의 마음에 그것이 걸렸던 거지요.

게다가 스토아 철학은 기독교를 포기하지 않고도 받아들일 수 있는 종교적·윤리적 이상들을 상당히 지니고 있었습니다. 예컨대 그들이 로고스(logos)라는 개념을 통해 전개했던 섭리 사상 같은 것이 그랬습니다. 그래서 16세기 기독교 인문주의자들은 당시 가톨릭 안에 깊숙이 뿌리내리고 있는 신플라톤주의 대신 스토아 철학 연구에 몰두했고, 당시 인문주

도표 9 종교개혁 신학과 인문주의

의자들이 "거룩한 플라톤"을 되뇌는 동안 "거룩한 세네카"를 자주 입에 올렸지요.

르네상스 시대 최고의 인문주의자이자 『우신예찬』(*Moriae Encomium*)을 쓴 네덜란드의 에라스무스(Erasmus, 1466-1536)와 스위스의 종교개혁자 츠빙글리(Ulrich Zwingli, 1484-1531)도 스토아 철학, 특히 세네카(Seneca, 기원전 ?4-기원후 65)에게 푹 빠져 있었습니다. 한때 수도사제였으며 그리스어와 라틴어를 병기한 『교정 그리스어 신약성서』(1516)를 출간하기도 했던 에라스무스는 세네카에 관한 책을 두 권이나 썼습니다. 츠빙글리는 종교개혁에 뛰어든 후에도 기회 있을 때마다 자기가 세네카를 좋아한다는 말을 공공연히 하고 다녔지요. 그래서인지 그의 『섭리에 관하여』를 살펴보면, 제목부터 내용에 이르기까지 세네카의 『섭리에 대하여』의 기독교판처럼 보일 정도로 유사합니다.[24]

칼빈(Jean Calvin, 1509-1564)도 이러한 시대적 분위기에 편승했습니다. 그는 스물셋이 되던 1532년 4월 4일에 첫 번째 책을 자비로 출간했는데, 신학 책이 아니라 『세네카의 관용론 해석』(*Calvin's Commentary on Seneca's De Clementia*)이라는 인문학 책이었습니다. 칼빈은 이 책을 자기와 함께 공부한 생엘로이 수도원장 앙게스트에게 헌정했지만, 에라스무스에게도 정중한 헌사와 함께 한 권을 보냈습니다. 당시 칼빈은 에라스무스를 드높여 "학문 세계의 영광이자 기쁨"이라고 높여 불렀습니다.

이 책에서 우선 눈에 띄는 것은 칼빈이 에라스무스가 텍스트를 해석하는 방식을 사용해 세네카의 원전을 해석했다는 것과, 기욤 부데(Guillaume Budé, 1467-1540)가 『유스티니아누스 법전』을 해설하며 사용한 저술 방법을 그대로 사용했다는 사실입니다. 서구에서는 지금도 이 저술 방법을 '인문주의적 글쓰기'의 전형으로 교육하고 있는데, 인문학 책을 쓰기 위한 방법으로 매우 뛰어나기 때문입니다. 사실 나도 이 방법을 자주 사용하고 있어서 잠시 소개하자면 다음과 같습니다. 첫째, 문헌학적 설명으로 글을 시작하고 둘째, 오직 문법과 논리에 의지해 글을 전개하며, 셋째 수사학적 표현을 집어넣고, 마지막으로 고대 작가들이 남긴 고전적 지식들을 끌어다 활용하는 방식입니다.

칼빈을 비롯한 당시 기독교 인문주의자들이 이 저술 방법을 따랐다는 사실은 그들이 철학뿐 아니라 문헌학, 논리학, 수사학 같은 제반 인문학을 모두 중요시했다는 점을 보여줍니다. 칼빈과 함께 제네바 아카데미를 설립하고 초대 학장을 지낸 종교개혁자 테오도르 드 베즈(Théodore de Bèze, 1519-1605)가 전하는 바에 따르면, 칼빈은 당시 인문주의자들이 흔히 하던 대로 해마다 또 다른 스토아 철학의 거두인 키케로(Cicero, 기원전 106-43)의 수사학에 관한 저작들을 꺼내 다시 읽고는 했다 합니다.

그뿐 아닙니다. 칼빈은 『세네카의 관용론 해석』에서도 스토아 철학과 기독교 사상의 유사성을 강조했습니다. 또한 1545년에 발표한 「자유사상가들에 대한 논박」이나 『기독교 강요』(*Institutio Christianae Religionis*) 최종판(1559)에 실린 그의 섭리론에는 세네카에게서 받은 영향이 여전히 남아 있지요. 잘 아시듯이, 회심 후 칼빈은 평생 동안 엄격한 '성서주의자'(biblicist)로 살았지만, 동시에 신실하고 뛰어난 인문주의자이기도 했다는 뜻입니다.

이와 연관해서 한 가지 흥미로운 사실은 바울과 세네카 그리고 칼빈의 관계입니다. 테르툴리아누스와 히에로니무스가 전한 말에 따르면, 바울과 세네카는 서로 아는 사이였고 편지도 주고받았다고 합니다.[25] 사실일까요? 남아 있는 서신이나 확인된 증거는 없지만, 이런 이야기가 나온 근거는 남아 있습니다. 4세기에 만들어진 『세네카와 바울의 편지』(*Correspondences Between Seneca and Paul*)라는 편지 모음집이 그것입니다. 이것은 후에 누군가가 바울과 세네카의 저작에 나오는 문구들을 빌려 와 만든 위작임이 밝혀졌습니다. 그럼에도 이 책 안에는 두 사람이 얼마나 같은 생각을 했는지 확인할 수 있는 부분들이 상당히 많이 들어 있습니다.[26]

바울은 실제로 자신의 서신서들에서 스토아 철학에서 쓰는 용어나 문구를 자주 사용했습니다. 신학자들은 예컨대 로마서에 나타나는 "영원하신"이나 "신성", "순리대로" 또는 "합당하지"와 같은 용어들은 바울이 스토아 철학에서 받아들인 특징적 개념으로 간주합니다.[27] 당시 기독교 공동체에서는 그런 용어를 사용하지 않았기 때문이지요. 또한 "내게 능력 주시는 자 안에서 내가 모든 것을 할 수 있느니라"(빌립보서 4:13)나 "모든 것이 합력하여 선을 이루느니라"(로마서 8:28), 특히 "만물이 주에게서 나오고 주로 말미암고 주에게로 돌아감이라"(로마서 11:36) 같은 구절들도 그렇습니다. 매우 유사한 문구들이 세네카는 물론이고 제논과 에픽테토스 같은 스토아 철학자들의 저술에 자주 등장하기 때문입니다.[28]

여기서 칼빈이 바울의 위대한 계승자라는 것과 한때 세네카의 영향을 강하게 받았다는 점을 감안한다면, 바울과 세네카와 칼빈 사이에 형성된 '뜻밖의 연결고리'가 드러납니다. 그들이 모두 스토아 철학에 영향을 받은 인문주의자였다는 사실이지요. 이렇게 보면, 바울이 '기독교에 그리스 철학을 끌어들인 최초의 인물'이라는 평가가 부당하다고 할 수만은 없습니다.[29] 간혹 그가 "그리스 철학으로 예수의 가르침을 최초로 오염시킨 자"라는 과도한 공격을 받기도 하지만 말입니다. 이 말은 바울을 칼빈을 비롯한 '16세기 기독교 인문주의자들의 선구'라고 평가할 수도 있다는 뜻입니다.

그러나 딱 거기까지였습니다! 아무리 16세기 인문주의자들과 기독교 인문주의자들 사이에 공통점이 많다 해도, 인간 중심적 사상인 인문주의와 신 중심적 사유인 기독교 신학이 끝까지 함께 갈 수는 없었습니다. 둘 사이의 밀월은 무엇보다도 죄, 구원, 은총과 같은 기독교 신학의 핵심 주제에 대한 이견 때문에 끝날 수밖에 없었지요. 인간의 본성과 그 활동에 대해 긍정적이고 낙관적 입장을 취하는 인문주의자들은 인간의 근원적 죄성을 부각시키는 종교개혁자들의 주장에 동의할 수 없었습니다. 그 반면 구원이 하나님의 은총에 의해서만 이뤄진다고 믿는 종교개혁자들은 인간의 도덕적 행위가 구원에 이르게 한다는 인문주의자들의 입장에 찬성할 수 없었지요.

초기에 우호적 관계를 유지했던 마르틴 루터(Martin Luther, 1483-1546)[30]와 에라스무스가 갈라선 이유는 이 때문이었습니다. 사도 바울의 계승자인 루터는 에라스무스가 도덕적 행위를 통해 구원받는다는 가톨릭교회의 '공로주의'를 지지하고 바울의 이신칭의 교리를 따르지 않는다고 비판했지요. 이에 대해 세네카의 숭배자인 에라스무스는 루터가 인간의 자유의지를 거부하는 것은 결국 구원의 문제에 있어서 아무 책임도 지지 않겠다는 것이라고 비판했습니다.

비록 500년쯤 전의 사건이지만, 이 사건은 기독교 신학과 인문학이 어디서 만나고 어디서 갈라서는지, 어떤 식으로 만나는 것이 바람직하고 어떤 식으로 헤어지는 것이 올바른지를 여실히 보여 준 사례입니다. 동시에 기독교 신학이 자기 안에 들어온 그리스 철학의 부작용을 극복하고 자신의 정체성을 지켜 나간 또 하나의 사례로 보아야 할 것입니다. 신학과 인문학 사이의 바람직한 관계에 대해서는 뒤에서 다시 이야기하기로 하고 우리의 이야기로 돌아가 평가하자면, 근세에도 인문주의라는 문예사조 안에서 철학, 문학, 문헌학, 수사학 같은 인문학이 여전히 신학에 영향을 끼쳤다는 것은 분명한 사실입니다.

자유주의 신학과 자유주의

이제 'late modern', 우리말로 근대(近代)인데요, 1789년 프랑스 대혁명 이후부터 1914년 제1차 세계대전 발발까지를 가리킵니다. 이 시기에 크게 유행한 사조가 자유주의(liberalism)입니다. 자유주의는 칸트에서 헤겔로 이어지는 독일 관념론의 영향을 받았지만, 인문주의가 그렇듯이 어느 특정한 철학 사상은 아닙니다. 그것은 정치적으로는 민주주의의 출현, 경제적으로는 자본주의의 등장, 사회적으로는 산업혁명으로 힘을 얻은 합리주의의 관점에서, 인간을 '개인'(個人)으로 규정하고 개인의 자유와 자율적 인격을 중시하는 다양한 사회사상 및 운동이지요. 그것이 19세기 기독교 신학에 또한 적지 않은 영향을 미쳤는데, 이른바 자유주의 신학(liberal theology)입니다.

자유주의 신학은 '현대 신학의 아버지'로 불리는 프리드리히 슐라이어마허(Friedrich E. D. Schleiermacher, 1768-1834)의 『종교론』(*Über die Religion*, 1799)이 출간되면서 시작하여 리츨, 헤르만, 하르낙 등을 거쳐 제1차 세계대전이 일어나기까지 서구 기독교 신학의 한 시대를 풍미했습니다. 이 신학자들은 그리스·로마 문화와 기독교 문화를 하나로 융합하고자 했던 기독교 인문주의자들과는 달리, 자율적 인격에서 나오는 다양한 실천 영역을 중요시하는 자유주의 문화와 기독교 문화를 융합하고자 노력했지요. 이런 관점에서 오늘날 학자들은 19세기 이후 서구의 기독교 신학을 모두 아울러 자유주의 신학으로 보기도 합니다.

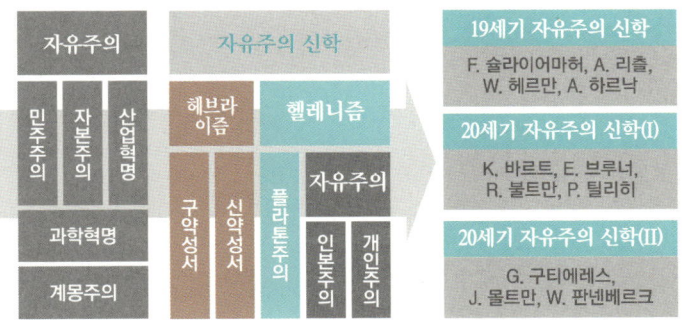

도표 10 자유주의 신학과 자유주의

예컨대 코넬리우스 반틸(Cornelius Van Til)의 제자이자 미국의 대표적 조직신학자 가운데 하나인 존 프레임(John M. Frame) 리폼드 신학교 교수는 도표 10 오른쪽에서 보듯이 자유주의 신학을 19세기, 20세기 전반과 후반, 3단계로 구분하고, 그 모두를 자유주의 신학이라 일컫지요.[31] 따라서 자유주의 신학은 단일한 신학 사상이라기보다 19세기와 20세기에 주로 독일의 신학자들이 주장한 이론이 근간이 되어 세계적으로 확산된 다양한 기독교 사상과 문화라고 규정할 수 있습니다. 자유주의 신학의 다양성은 프레임의 구분에 따르면 '20세기 전반 자유주의 신학'에 속하는 칼 바르트의 신정통주의 신학이 19세기 자유주의 신학에 대한 반발과 부정에서 출발했다는 점만 보아도 알 수 있습니다.

요컨대 자유주의 신학은 혼란스러울 만큼 폭넓은 스펙트럼을 갖고 있습니다. 그러다 보니 학자에 따라서나 시대와 지역에 따라서 차이가 크지만, 그 주된 내용을 들여다보면 우선 계시의 절대적 권위를 인정하지 않고 그것을 주관적·역사적 의미로 해석합니다. 또 성서에 기록된 기적을 인정하지 않고 합리적 과학 지식을 존중하며, 하나님의 부성애와 인간의 형제애를 강조하고, 전쟁의 포기와 사회 정의를 추구하는 등 그 특성이 다양합니다.

이 책에서는 범위를 좁혀 프레임이 '구(舊)자유주의'라고 이름 붙인 19세기 자유주의 신학을 중심으로 이야기하고자 하는데요, 그럼에도 이 신학 안에서조차 나타나는 다양하고 폭넓은 특성을 명료하게 보여 주는 중요한 사건 하나를 소개하겠습니다. 그것은 자유주의 신학이 19세기 말에 북미 대륙으로 넘어가서—개인의 구원에 집중하는 성향을 보이던 서구에서와는 전혀 달리—사회복음운동(social gospel)으로 나타났다는 사실입니다.

사회악과 부조리를 청산함으로써 불의한 세상에 하나님 나라를 구현할 수 있다고 본 워싱턴 글래든(Washington Gladden, 1836-1918), 프랜시스 피바디(Francis G. Peabody, 1847-1936) 같은 목회자들이 주도한 이 운동은 아동 노동 폐지, 노동조합 결성, 빈부격차 해소, 여성참정권 부여 등 사회제도 개선과 정치 개혁을 위한 기독교 내의 사회의식을 불러일으키는 데 적지 않은 공헌을 했습니다.

그러나 세상일에는 언제나 빛이 있는 곳에 어둠이 있기 마련이지요. 왜냐고요? 시간이 지나면서 영국과 미국에서 활동한 철학자이자 신학자인 존 피스크(John Fiske, 1842-1901)와 복음파동맹의 총간사로서 이 운동을 조직화한 목회자인 조시아 스트롱(Josiah Strong, 1847-1916) 같은 사회복음운동가들이 앵글로색슨 테제(Anglo-Saxon These)를 내세워 제3세계 정복을 정당화하던 제국주의자들에게 동조했기 때문입니다. 그들이 사회복음화뿐 아니라 세계복음화를 꿈꾸었기 때문인데, 앵글로색슨 테제란 주로 영국과 미국에서 거주하는 앵글로색슨족이 지구상에서 가장 우월한 종족이므로 그들이 전 세계를 정치적·사상적·종교적으로 지배해야 한다는 주장입니다. 당시 유행하던 찰스 다윈(Charles Darwin)의 '진화론'과 허버트 스펜서(Herbert Spencer)의 '사회진화론'이 이러한 터무

니없는 주장의 이론적 근거로 사용되었지요.[32]

제3세계 선교라는 미명 아래 피스크와 스트롱 같은 당시 사회복음운동자들은 진지한 신학적 성찰도 없이 진화론과 사회진화론을 받아들이고 앵글로색슨족의 종교적 우월성을 주장했습니다. 그리고 인류의 역사적 발전이 그리스도에서부터 시작해서 로마와 서유럽을 거쳐, 대서양을 건너 미국의 동부에서 서부로 이동해 왔다고 주장하면서, 앵글로색슨족의 종교인 기독교를 전 세계로 퍼트려 미개한 민족과 사회를 복음화하는 것이 자신들에게 주어진 역사적 책무라고 선언했지요.[33] 목적은 정당했지만 수단이 부당했습니다!

당연히 크고 작은 부작용과 흔적을 남겼지요. 우리가 지금도 접할 수 있는 예로는 당시 작곡된 윌리엄 메릴(William P. Merrill)의 〈일어나라 하나님의 사람들이여〉, 해리 포스딕(Harry E. Fosdick)의 〈은혜의 하나님과 영광의 하나님〉, 헨리 반 다이크(Henry Van Dyke)의 〈기뻐하며 경배하세〉, 제임스 로웰(James R. Lowell)의 〈어느 민족 누구에게나〉 같은 찬송가들을 들 수 있습니다.[34] 이들 찬송가에는 한편으로는 하나님의 사랑과 인간의 형제애, 전쟁 포기와 사회정의를 추구하는 긍정적 측면이 나타나 있지만, 다른 한편으로는 앵글로색슨 테제에 부응하려는 팽창주의적 선교관이 은밀히 스며들어 있기 때문입니다. 이 같은 종교적 팽창주의 내지 제국주의의 흔적은 주로 미국 선교사들을 통해 우리나라에 전파된 기독교 문화 곳곳에도, 예컨대 공격적 포교 및 선교 방식 등으로 여전히 남아 있습니다.

19세기에 주로 미국과 캐나다에서 전개된 사회복음운동은 자유주의 신학의 빛과 그림자를 일목요연하게 보여 준다는 점에서 한번 깊이 성찰해 볼 가치가 있습니다. 요컨대 정통신학에서 벗어나 인간 이성에 의존하는 신학은—그 정도가 크면 클수록—더 합리적이긴 해도 더 불완전하다는 것이지요. 자유주의 신학의 결정적 문제점은 신학의 중심을 하나님의 말씀과 전통적 신앙고백이나 신조가 아니라 인간 이성과 개인 감정, 그리고 문화적이고 정황적인 해석에 둠으로써, 결국 기독교 신학을 인본주의적·개인주의적으로 탈바꿈시키는 결과를 초래했다는 데 있습니다.

그러자 저항이 일어났습니다. 우선, 자유주의 신학의 인본주의적 성격은 제1차 세계대전을 거치면서 스스로의 한계와 모순을 드러냈습니다. 전쟁을 겪으면서 인간 이성에 대한 신뢰, 낙관적 세계관, 역사적 진보에 대한 환상이 무참하게 깨졌기 때문이지요. 잘 아시듯이, 이에 반발하여 칼 바르트, 에밀 브루너, 루돌프 불트만, 파울 틸리히 등으로 이어지는 신정통주의(neo-orthodoxy)와 미국의 근본주의 신학(fundamental theology)이 등장했습니다.

그뿐 아니었습니다. 누구보다도 도로테 죌레(Dorothee Sölle, 1929-2003) 같은 일군의 독일 신학자들에 따르면, 자유주의 신학에 내재된 개인주의적 성격은—북미 대륙에서 일어난 사회복음운동을 제외한다면—기독교 신학이 개인의 사적 구원에 관심을 집중함으로써, 예수님이 사랑했던 이 땅의 가난하고 억눌린 사람에 대해 무관심한 부르주아 신학(bourgeois theology)으로 전락하게 했다는 평가를 받았지요.[35] 이에 대한 반발로 서구와 남미 대륙 등에서 해방신학, 여성신학, 흑인신학, 민중신학 등 이른바 '급진 신학'(radical theology)이 등장했습니다. 한마디로 "자유주의 신학과 병행해서 지난 20여 년 동안 백인이 아니고 부유하지도 않고 또 남성이 아닌 사람들이 하는 신학이 생겼는데 이것이 해방신학이다"[36]라는 것이 죌레의 주장입니다.

이쯤에서 다시 우리의 이야기로 돌아가 정리해 보면, 근대에도 인문학이 자유주의라는 이름으로 기독교 신학에 변함없이 적지 않은 영향을 미쳤습니다. 여기서 한 가지 짚고 넘어가고 싶은 것은 기독교 신학사 2천 년을 두고 흐르는 큰 줄기를 놓치지 말자는 것입니다. 큰 흐름이란 인간 이성의 힘이 점차 강해짐에 따라 기독교 신학이 '신중심주의'에서 '인간중심주의'로 차츰 흘러가기 시작했다는 사실이지요. 이에 비례

해서 성서와 교리, 교회의 권위는 점점 수축되어 갔습니다. 그리고 그 극단적 형태를 오늘날 이른바 포스트모던 신학(postmodern theology)에서 보고 있습니다.

포스트모던 신학과 포스트모더니즘

포스트모던 신학이란 당연히 포스트모더니즘(postmodernism)의 영향을 받은 신학을 말합니다. 한마디로 20세기 중반부터 새롭게 등장한 신학이지요. 학자에 따라, 그 출발을 자유주의 신학의 인간 중심적 성향을 비판했던 바르트의 신정통주의로 보기도 하고, 자유주의 신학의 개인주의적 경향을 비판했던 해방신학과 같은 급진 신학으로 보기도 합니다. 예컨대 하버드 대학교의 저명한 신학자 하비 콕스(Harvey Cox)는 '포스트모던 신학을 향하여'라는 부제가 붙은 그의 『세속도시의 종교』(*Religion in the Secular City*)에서 해방신학을 최초이자 최고의 포스트모던 신학으로 제시했습니다. 사회정의, 가난한 자의 권리, 구원에 대한 공동체적 이해, 온건한 개혁 등을 목적으로 하는 해방신학과 상대성, 다양성, 개별성, 타자성을 추구하는 포스트모더니즘이 지향하는 바가 같다는 이유 때문이지요.

그러나 대부분의 신학자들은 프랑스 68혁명(la Révolution de

Mai 68) 이후 푸코, 라캉, 데리다 같은 포스트구조주의자들과 리오타르, 하버마스, 로티 등을 통해 모습을 드러낸 포스트모던 철학에 영향을 받은 기독교 신학의 다양한 형태를 포스트모던 신학이라 규정합니다. 이러한 주장은 제1차 세계대전 이후 미술, 건축, 예술 등에서 시작한 '다양한 문화 현상'으로서의 포스트모더니즘과 20세기 후반에 전개된 '특정한 철학 운동'으로서의 포스트모더니즘을 구분하는 것을 전제합니다.

예컨대 『누가 포스트모더니즘을 두려워하는가?』(*Who's afraid of Postmodernism*)의 저자이자 칼빈 대학 철학과 교수인 제임스 스미스(James K. A. Smith)는 그 가운데 후자만을 포스트모더니즘이라 명명하고, 이에 영향을 받은 신학을 포스트모던 신학으로 규정하지요. 그는 '다름'을 '그름'으로 규정하는 객관성 때문에 발생하는 폭력으로 근대성을 평가하는 데리다, 리오타르, 푸코와 같은 철학자들의 이론이 기독교의 핵심 주장과 잘 어울릴 뿐 아니라, 기독교 신학과 교회의 든든한 우군(友軍)이 될 수 있다고 주장합니다.

무슨 의미일까요? 스미스의 박사 학위 지도교수였던 존 카푸토(John D. Kaputo)가 『포스트모던 시대의 철학과 신학』(*Horizons in Theology: Philosophy and Theology*)에서 그 뜻을 간략히 정리해 놓았습니다. 카푸토는 포스트모더니즘이 기독교를 몰아세우던 '순수 이성'—그는 근대성을 이렇게 부릅니다―을 해체해 버렸기 때문에, 기독교에 도움이 된다고 합니다. 이때 그가 말하는 순수 이성은 칸트가 『순수이성비판』 (Kritik Der Reinen Vernunft)에서 규정한 이성으로 객관성, 보편성, 획일성을 본질로 하는 근대적 이성을 가리킵니다. 카푸토는 이런 이성은 없고, 리오타르가 주장한 '다원적 이성',[37] 즉 "여러 상황속에서 좋든지 나쁘든지를 막론하고 다수의 타당한 이성들(reasons)이 있을 따름"[38]이라고 주장하지요. 잘 아시는 내용이겠지만, 노파심에 간단한 설명을 덧붙이고자 합니다.

일찍이 독일의 철학자 이마누엘 칸트(Immanuel Kant, 1724-1804)는 『순수이성비판』에서 '우리가 가진 지식을 믿을 수 있는가' 하는 문제에 대해 논했습니다. 그는 우리가 '사물 그 자체'에 대해서는 영원히 알 수 없기 때문에, 우리의 지식이 절대적일 수는 없다고 했습니다. 그렇지만 '감성'을 통해 사물이 우리에게 주는 자료가 같고, 그것을 가공해 지식을 만들어 내는 정신적 틀인 '오성'이 모두 같기 때문에, 우리는 각자가 만든 지식을 믿을 수 있다고 했지요.[39]

한마디로 같은 밀가루 반죽을 같은 붕어빵틀로 구워 내면 똑같은 붕어빵이 나올 수밖에 없기 때문에 우리는 각자가 만든 지식을 믿을 수 있다는 뜻인데, 바로 이것이 칸트 이후 우리가 말하는 '객관적'(objective)이라는 용어의 의미입니다. 따라서 칸트의 순수 이성은 '나에게 옳은 것은 너에게도 옳다'는 지식의 객관성을 보장하지만, 동시에 '나에게 그른 것은 너에게도 그르다'는 지식의 폭력성을 낳았습니다. 무슨 말인지 고개가 갸웃해진다면, 다음 도표를 잠시 볼까요?

도표 11 근대성과 탈근대성

ⓐ에게는 자기 앞에 놓인 잔의 손잡이가 '오른쪽'에 있습니다. 그러나 마주 앉은 ⓑ에게는 '왼쪽'에 있지요. 따라서 객관성을 본질로 하는 칸트의 순수 이성의 관점에서 보면, ⓐ와 ⓑ는 서로 상대가 '그르다'고 판단할 수밖에 없고 서로가 서로에게 계몽의 대상이지요. 바로 이것이 근대성 안에 내재되

어 있는 폭력성의 출처입니다. 하지만 상대성을 본질로 하는 리오타르의 '불일치의 이성'(*para-logos*) 내지 '다원적 이성'과 같은 탈근대성의 관점에서 보면 ⓐ와 ⓑ는 둘 중 하나가 그른 것이 아니라 서로 다르다고 판단하고—다시 말해 '나에게 그른 것이 너에게 옳을 수 있다'라고 생각하고—대화의 상대로 인정할 수 있는 거지요.[40]

이렇듯 포스트모더니즘이란 근대적 이성의 정당성을 부정하는 주장입니다. 그런데 칸트 이후 근대적 이성이 객관성을 기반으로 하는 철학과 자연과학을 내세워 기독교를 신랄하게 공격했기 때문에, 카푸토가 "포스트모던이 근대성에서는 공격받았던 종교와 신학에 탈출구(opening)를 제시한다"[41]라고 주장하는 거지요. 한마디로 '적(敵)의 적은 친구'라는 논리입니다.[42] 같은 맥락에서 스미스도 포스트모더니즘이 근대성에 상처 입은 기독교 신학과 교회를 치료하는 데 효과가 있다는 것,[43] 한걸음 더 나아가 포스트모던 신학을 통해 우리는 초기 교회와 근대 이전 교회의 전통과 예전으로 돌아갈 수 있다는 것, 이 점에서 포스트모던 신학이 일정 부분 기독교에 기여할 것 등을 설파합니다.

수긍되는 말이지만, 의심 가는 주장이기도 합니다. 나는 포스트모던 신학이 오늘날 우리가 주목해야 할 중요한 운동인 것은 사실이지만, 그 중요성을 너무 과장해서는 안 된다

도표 12 포스트모던 신학과 포스트모더니즘
"너희에게 진실로 말하노니, 이는 이것의 종말일 뿐만 아니라 저것의 종말이기도 하다. 여기에는 역사의 종말, 계급투쟁의 종말, 철학의 종말, 신(神)의 종말, 모든 종교의 종말, 기독교와 도덕의 종말(이는 물론 가장 순진한 생각이었다), 주체의 종말, 인간의 종말, 서양의 종말, 오이디푸스의 종말, 세계의 종말이 속한다." _자크 데리다

고 생각합니다. 특히 절친한 친구인 데리다의 영향을 받아 신의 죽음을 받아들이고, 그에 근거해 해체적 신학을 내세운 마크 테일러(Mark C. Taylar)의 주장, 예컨대 "해체가 신의 죽음의 해석학이며, 신의 죽음이 해체적 신학"[44]이라는 말을 들어보면 더욱 그렇습니다.

이 말이 정확히 무엇을 의미하는지는 도표 12 하단에 있는 자크 데리다(Jacques Derrida, 1930-2004)의 의미심장한 말을 살펴보면 알 수 있습니다. 데리다가 1985년에 「최근 철학에 제기된 묵시론적 목소리에 관하여」에서 신의 종말, 주체의 종말, 역사의 종말을 비롯한 모든 형이상학과 이성의 종말을 사뭇 비장한 어조로 외친 말이지요.[45]

테일러의 해체적 신학이 바로 이 같은 관점에서 시작합니다. 그래서 이 신학은 '신의 죽음', '자아의 사라짐', '역사의 종말', '책의 종말'을 주요 골자로 한 이른바 해체적 비/신학

(Deconstructive A/theology)을 구축합니다. 여기서 테일러가 말하는 책(冊)은 이성의 소산인 서양 문화 일체를 지칭합니다. 신도, 자아도, 역사도, 책도―다시 말해 인간의 삶을 이끌던 모든 이정표가―사라진 시간과 공간에서 인간은 방황할 수밖에 없지요. 그런데 테일러는 이 방황을 서양 문명이 시작된 이후 적어도 지난 2,500년 동안 인간을 억압하는 각종 폭력에서 해방되었다는 뜻에서 '자유롭게 헤매는' 은총(mazing grace)으로 받아들입니다. 그래서 그 책 제목이 『방황』(*Erring*)입니다.[46]

신, 자아, 역사뿐 아니라 이성의 결과물인 모든 것을 철저하게 해체함으로써 그것들이 지닌 일체의 폭력성을 제거하려던 데리다의 주장이 그렇듯이, 테일러의 해체적 신학은 극단적 상대주의와 허무주의로 귀결된다는 비판을 받습니다. 신이 모든 '존재의 근원'이며, 모든 '진리의 시원'이고, 모든 '가치의 정점(頂點)'이라는 정통신학의 입장에서 보면, 신의 죽음은 그 모든 존재, 진리, 가치를 단번에 무의미하고 무가치하게 만들기 때문이지요. "포스트모더니즘이 도래하기 전까지는 진정한 의미의 무신론이 없었다. 무신론처럼 보이지만 실은 그렇지 않은 것이 반복되었을 뿐이다"[47]라는 영국의 문예비평가 테리 이글턴(Terry Eagleton)의 말이 적어도 해체주의 철학과 신학에는 적합한 평가라 할 수 있습니다.

이런 이유에서 클레어몬트 신학대학원 과정사상연구소의 공동 설립자이자 소장인 데이비드 그리핀(David R. Griffin)과 존 캅(John B. Cobb)은 "해체적 포스트모더니즘이 제공하는 치료는 그 질병만큼이나 위험하다"라는 말로 이 신학을 비판했습니다. 그리고 대안으로 앨프리드 화이트헤드(Alfred N. Whitehead)의 과정철학에 근거하여 신, 진리, 자아, 역사와 같은 개념에 새로운 의미를 부여하는 구성적 신학(constructive theology)―국내 신학자들은 보통 '건설적 신학'으로 번역하는―을 전개하지요. 이것은 마치 위르겐 하버마스, 악셀 호네트를 비롯한 프랑크푸르트학파 사람들이 근대성을 "미완의 기획"으로 규정하고, 그것의 전면적 해체(deconstruction)보다는 재구성(reconstruction)을 통해 문제를 해결하려는 것과 같은 맥락이라고 볼 수 있습니다.

구성적 포스트모던 신학은 인간중심주의, 개인주의, 가부장주의, 경제우선주의, 소비주의, 민족주의 등을 낳은 근대적 이성을 재구성하기 위해 생태학, 페미니즘, 평화와 같은 해방 모티브를 지닌 운동들을 지지합니다. 그리핀은 "포스트모던 사상은 철저히 생태학적이며, 생태학 운동을 통해 대중화된 지속적 통찰력에 철학적이고 신학적인 토대를 제공한다"라며 생태신학을 특별히 선호하지요.[48] 화이트헤드의 과정철학에서는 생태계가 곧 신의 몸(God's body)이기 때문인데,[49] 이 같은 주장은 자연을 개발의 대상으로 삼아 생태계 파괴를 묵인 내지 동조해 온 교회와 신학에 경종이 될 수 있습니다. 그러나 과정철학은 신의 내재성만을 인정하고 초월성을 부인하는 만유재신론(panentheism)에 근거해 있기 때문에, 이 신학 역시 정통신학과의 근본적 충돌이 불가피합니다.[50]

포스트모던 신학은 이밖에도 여러 형태로 기독교 신학과 교회에 침입해 있는 근대성의 폐단을 단절하려는 다양한 시도를 하고 있습니다. 하지만 이쯤에서 정리하자면, 그럼에도 불구하고 아직은 그 전모와 정체가 불확실하다고 말할 수밖에 없습니다. 게다가 기대할 수 있는 성과 역시 불분명하지요. 다른 무엇보다도 포스트모던 신학이 몇 가지 근본적인 문제—예컨대 '성서의 이야기가 리오타르가 말하는 큰 이야기이냐 아니냐' 하는 문제나 '포스트모더니즘이 지향하는 상대주의가 기독교가 추구하는 신본주의 가치에 대한 불신이냐 아니냐' 등—에 대해서 수긍할 만한 해답을 아직 내놓지 못하고 있기 때문입니다.[51] 그래서 이에 대한 논란이 지금도 계속되고 있는 데다, 그에 대한 자세한 설명은 이 책의 취지에서 벗어나기 때문에 건너뛰기로 합니다.[52]

그 대신 나는 이 책에서 포스트모더니즘 자신도 이미 폭력적인 큰 이야기(grand récit)가 되어 가고 있다는 사실을 문제 삼고 싶습니다. 왜냐하면 이것은 사실상 포스트모더니즘이 오늘날 우리 삶과 사회에—물론 기독교에도—직접적으로 영향을 미치고 있는 문제라서 그 해법이 매우 긴요함에도 불구하고 간과되고 있기 때문입니다. 그러나 이 문제는 일단 뒤('공허와 맹목 사이로 난 길')로 미루고 이야기를 이어 나가고자 합니다. 그것이 중요하지 않아서가 아니라 그것이 오히려 이 책의 궁극적 목표이자 결론이기 때문입니다.

우리가 여기서 다시 한번 상기하고자 하는 것은 플라톤주의가 되었든 아리스토텔레스주의가 되었든 인문주의가 되었든 자유주의가 되었든 또 포스트모더니즘이 되었든 간에 기독교 신학은 예나 지금이나 크게나 작게나 그 시대를 풍미하는 인문학의 영향을 받아 왔다는 사실입니다.

기독교 신학의 본질과 사명

기독교 신학은 헤브라이즘과 헬레니즘, 신앙과 이성, 성서의 계시와 인문학이 빚어낸 아름답고 거대한 정신적 구조물입니다. 기독교가 2천 년 동안이나 쌓아 온 풍성하고 강건하며 종합적이고 체계적인 학문이지요. 또한 다음 도표에서 보듯이, 기독교 신학은 하나님 나라와 우리 세계를 연결하는 든든한 다리입니다. 하나님의 말씀과 세상의 학문을 이어 주는 건실한 교량이지요. 이 점에서는 인류 문명 가운데 이만한 정신적 유산을 찾아보기가 결코 쉽지 않습니다.

도표 13 기독교 신학의 본질과 사명
"현재에 대한 분명한 지식이 없고, 미래에 대한 지속적이고 분명한 확신이 없다면, 누가 감히 영광에 대해 말할 수 있겠는가?"_칼빈

기독교 신학은 세상에 발 딛고 있으면서 동시에 하늘나라를 향해 뻗어 있고, 인간의 학문이면서 동시에 하나님의 말씀을 다루며, 성서와 인문학을 지주(支柱, 버팀대)로 하여 다분히 신성하면서도 동시에 세속적인 사역을 담당하지요. 성서를 지주로 삼음으로써 (또 그래야만) 기독교 신학은 하나님 나라에 닿을 수 있기 때문입니다. 인문학을 지주로 삼음으로써 (또 그래야만) 기독교 신학은 이 땅에 뿌리내릴 수 있기 때문이지요. 요컨대 성서와 인문학을 두 개의 지주로 삼음으로써 (또 그래야만) 기독교 신학은 성육신하신 예수님, 보다 종교적 표현을 빌린다면 하늘 보좌에서 내려와 십자가에 달리신 주

님의 사역을 감당할 수 있기 때문입니다.

일찍이 아리스토텔레스는 모든 존재자가 그것으로서 존재하게 하는 것을 탐구하는 학문을 제일 철학(philosophia prima)이라 불렀습니다. 그는 이 학문이 가장 근원적이고 포괄적이며 보편적이라는 의미에서, 때문에 모든 학문이 여기서부터 시작해야 한다는 의미에서 그렇게 불렀지요.[53] 훗날 헬레니즘 시대의 주석가 안드로니코스(Andronichos, 기원전 1세기경)가 형이상학(metaphysic)이라 이름 붙인 이 학문에는 신론과 존재론이 함께 들어 있습니다.[54] 그런데 아리스토텔레스는 그 둘 중에서도 신론을 제일 학문(*scientia prima*)으로 꼽았습니다. 그는 그 이유를 제일 학문은 최상의 존재에 대한 학문이어야 하는데, 그 최상의 존재가 바로 신이기 때문이라 했습니다.[55]

토마스 아퀴나스는 아리스토텔레스를 따라 기독교 신학이 모든 학문의 출발점이기 때문에 제일 학문이지만, 그 자체는 하나님의 지혜에서 출발하기 때문에 다른 모든 학문 위에 있다는 의미에서 최상의 지혜(*sapientia optimus*)라고도 규정했지요.[56] 그렇다면 우리도 기독교 신학이 하나님의 말씀에서 시작한다는 의미에서, 그리고 모든 학문이 그것에서부터 시작해야 한다는 의미에서, 오직 이런 의미에서, 그것을 '제일 학문'이라고 부르지 못할 이유가 없다고 생각합니다.

머리말에서도 잠시 언급했지만, 하나님 나라라는 가장 높은 이상을 추구한다는 점에서, 그럼에도 세속적 세상의 구원을 배제하지 않는다는 점에서, 또 그래야만 기독교 신학은 제일 학문입니다. 인간이 추구하는 가치들의 최정점을 지향한다는 점에서, 그럼에도 죄와 악에 빠진 인간의 구원을 포기하지 않는다는 점에서, 또 그래야만 기독교 신학은 제일 학문입니다. 다시 말해 다른 어떤 학문보다 높은 이상을 갖고 있고, 다른 어떤 학문보다 폭넓은 가치를 탐구한다는 점에서, 또 그래야만 기독교 신학은 제일 학문입니다.

여기서 우리는 칼빈이 성서에 기록된 하나님의 말씀 못지않게 오늘날 우리가 사는 세상의 동태와 지식에도 귀를 기울였다는 사실을 상기해야 합니다. 칼빈의 설교집을 보면,[57] 그는 자주 성서의 말씀을 당시 시대적 상황에 맞춰 교훈하곤 했습니다. 「로마서 5장 2절 주석」에는 "현재에 대한 분명한 지식이 없고, 미래에 대한 지속적이고 분명한 확신이 없다면, 누가 감히 영광에 대해 말할 수 있겠는가?"라는 말도 남겼지요. 이 말이 의미하는 바를 우리의 이야기에 맞게 재구성한다면 '현재를 사는 인간과 세상에 대한 분명한 인문학 지식이 없고, 다가올 하나님 나라에 대한 지속적이고 분명한 확신이 없다면, 누가 감히 하나님의 영광에 대해 말할 수 있겠는가'가 되겠지요. 우리는 "한 손에는 성서, 한 손에는 신문"

이라는 바르트의 말도 같은 맥락에서 이해해야 합니다.

바로 이것이 그리스도인이 하나님의 말씀뿐 아니라 그 시대의 인문학에, 더 넓게는 그 시대의 모든 지적 사조와 경향에 귀를 기울여야 하는 이유입니다. 이 말은 결국 인문학이 기독교 신학에서 걸러야 할 '불순물'이 아니고 오히려 강화해야 할 '본질' 가운데 하나임을 뜻합니다. 그런 의미에서 이제부터는 오늘날 우리가 마주해야 하는 인문학적 성찰들을 잠시 살펴볼까 합니다.

잘 아시듯이 자본주의가 세계화, 신자유주의(new liberal capitalism), 금융자본주의(financial capitalism)를 앞세워 이미 전 세계를 점령한 오늘날 우리의 현실에 대한 인문학적 고찰은 그리 긍정적이지도 낙관적이지도 않습니다. 곳곳에서 '우리는 이미 천 길 낭떠러지 파국을 향해 질주하는 자본주의라는 설국열차에 올라탔다. 이 열차를 멈출 비상 브레이크는 어디에 있는가, 구원은 어디에 있는가'라고 외치는 외마디소리가 터져 나오고 있지요. 과장이라고요? 그런지 아닌지, 근래에 널리 알려진 한 젊은 역사가의 목소리를 잠시 들어 볼까요?

여러분도 잘 아시는 예루살렘 히브리 대학교 역사학 교수 유발 하라리(Yuval N. Harari)는 다가오는 시대를 호모 데우스(*Homo Deus*)의 시대로 규정했습니다. 호모 데우스 시대란 생명공학, 사이보그공학, 인공지능과 같은 첨단 과학을 통해 슈퍼

휴먼이 된 극소수의 부자들이—마치 올림푸스 산정에 사는 그리스 신들처럼—'불멸', '행복', '신성'을 누리며 사는 시대를 말합니다. 그리고 나머지 70억 사람들 모두가 그런 초인간들이 만든 컴퓨터 알고리즘을 통해 조종당하며 "밥만 축내는" 쓸모없는 계급, 곧 호모 유스리스(Homo useless)로 사는 시대지요.

그러니 이 시대는 역사상 유래가 없는 첨단 과학의 시대이자, 역사상 유래가 없는 불평등의 시대이고, 또한 역사상 유래가 없는 절망의 시대가 되겠지요. 하라리는 호모 데우스 시대와 함께 인류의 역사가 종말을 맞을 것이라고 예언합니다. 그는 이것을 "18세기에 인본주의는 신 중심적 세계관에서 인간 중심적 세계관으로 이동함으로써 신을 밀어냈다. 21세기에 데이터교는 인간 중심적 세계관에서 데이터 중심적 세계관으로 이동함으로써 인간을 밀어낼 것이다"[58]라는 말로 표현했지요.

하라리는 그 이유를 이렇게 설명합니다. 예를 들어 "경제 성장과 생태계 안정 중 하나를 선택해야 하는 순간이 오면 정치인, CEO, 유권자들의 십중팔구는 성장을 선호한다"[59]는 것이지요. 그래서 우리는 파국을 면치 못할 것이랍니다. 이 파국을 막을 "브레이크가 어디에 있는지"는 아무도 모르고, "만일 어떻게든 브레이크를 밟는다면, 경제가 파국에 이르고 그와 함께 사회도 무너질 것"이라 하지요. "오늘날의 경제가 살아남기 위해서는 끊임없는 성장이 필요"하기 때문입니다. 이어서 그는 "자본주의가 불멸, 행복, 신성을 추구하라고 우리를 부추기는 이유가 여기에 있다"고도 진단합니다.[60] 요컨대 자본주의와 첨단 과학기술이 자체 생존을 위해 서로 손잡고 우리가 호모 데우스가 되길 부추기면서 파국으로 몰아가고 있다는 뜻입니다.

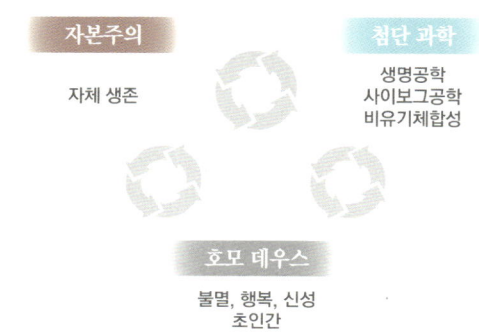

도표 14 호모 데우스 시대
자체 생존을 위한 세 개의 상호의존 고리가 인류를 파국으로 내몰고 있다!

'무한한 풍요', '무제한적 자유', '무차별적 평등'을 약속했던 근대적 이성은 이렇게 우리가 일찍이 보지 못했던 어둠을 잉태하고 있었습니다. 빛나는 한낮에 칠흑 같은 어둠이 공포와 함께 찾아와 현관문을 두드리고 있지요. 그래서 여기서 묻고 싶은 것이 하나 있습니다. 기독교가 지난 2천 년 동안 인류 문명에 결코 작지 않은 역할을 해 왔다면, 기독교 신학이 세속적인 이 세계를 성스러운 하나님 나라와 연결하는 교량 역할을 해 왔다면, 왜 그리고 어떻게 지금 우리가 이런 파국을 마주하고 있는가 하는 것입니다.

바꿔 말하자면 우리가 마주한 파국적 현실에 대해 기독교는, 기독교 신학은 아무 책임이 없는가 하는 거지요. 그리고 만일 크든 작든 책임이 있다면 이제 우리는 어떻게 해야 하는가 하는 겁니다. 갈 길을 잃었을 때는 온 길을 뒤돌아보는 것이 지혜지요. 그래서 지금부터는 우리가 왜 여기까지 왔는지를 되짚어보고, 이제 어떻게 해야 할 것인지에 대한 소견을 간략히 전하고자 합니다.

신의 죽음과 그 이후의 풍경들

나는 이 이야기를 1882년에서부터 시작하려고 합니다. 왜냐하면 이때 독일의 철학자 프리드리히 니체(Friedrich Nietzsche)가 그의 『즐거운 학문』(*Die fröbliche Wissenschaft*)에서 열광적 문체로 신의 죽음(Tod Gottes)을 선포했기 때문입니다. 니체는 "우리가 신을 죽였다―너희와 내가! 우리 모두가 신을 죽인 살해자다!"[61]라고 아주 비장하지만 무척 당당하게 외쳤지요.

그런데 이때 니체가 말하는 신의 죽음은 무엇을 뜻할까요? 당연히 그것은 2천 년 전에 이미 십자가에 못 박히신 예수 그리스도가 죽었다는 의미가 아니겠지요? 그럼 니체는 도대체 누가 죽었다고, 아니 우리가 누굴 죽였다고 이런 말을 했을까요? 알고 보면, 니체의 이 말은 313년 콘스탄티누스 1세(Constantinus I)가 밀라노 칙령으로 기독교를 공식적으로 인정한 이래, 서양 문명을 구축하고 이끌어 왔던 신본주의 가치들이 몰락했다는 것을 의미합니다.

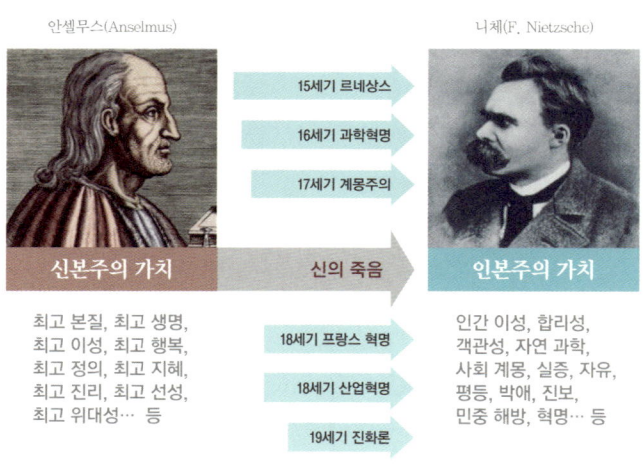

도표 15 신은 죽었다!

도표 15에서 보시다시피, 서양 문명은 니체가 살았던 19세기까지 적어도 1,500년 동안 신이라는 이름으로 불려 오던 신

본주의 가치들로 구축되어 왔지요. 조금 더 자세히 말하자면, 서양 사람들은 일찍이 캔터베리 대주교 안셀무스(Anselmus, 1033-1109)가 『모놀로기온』(Monologion)에서 신으로 규정한 "최고 본질, 최고 생명, 최고 이성, 최고 행복, 최고 정의, 최고 지혜, 최고 진리, 최고 선성, 최고 위대, 최고 미, 최고 불사성, 최고 불변성, 최고 복락, 최고 영원성, 최고 권능, 최고 일자성(一者性)"[62]과 같이 인간이 추구할 수 있는 최고의 가치들을 추구하며 살아 왔습니다.

그런데 15-16세기의 르네상스, 16세기의 과학혁명, 17세기의 계몽주의, 18세기의 프랑스 대혁명과 산업혁명, 그리고 19세기에는 실증주의와 다윈의 진화론이 등장하면서, 사람들은 그동안 신이라는 이름으로 추구해 왔던 신본주의 가치들에서 차츰 등을 돌리기 시작했습니다. 그리고 이성, 합리성, 객관성, 과학, 계몽, 실증, 자유, 평등, 박애, 진보, 민중 해방, 혁명과 같은 인본주의 가치들을 지향하며 신처럼 숭배하기 시작했지요. 바로 이것을 두고 니체는 "신은 죽었다"라고 표현한 것입니다. 따라서 신은 죽었다는 말은 '인간이 신이 되었다'라는 놀라운 선언이기도 했습니다.

혹시 '설마'라고 생각하시나요? 인상적 증거들이 남아 있습니다. 예컨대 17세기 이후 계몽주의자들은 신의 관점에서 인간과 세계를 설명한 '성서'를 대신해 인간 이성으로 그것들을 설명한 백과사전을 만들기 시작했습니다. 그리고 신이 세울 하나님의 나라 대신 인간이 스스로 이성으로 이룩할 유토피아 건설에 발 벗고 나섰지요. 계몽주의자들에게 백과사전은 새로운 성경이었고, 민주 사회가 지상의 천국인 셈이었지요.

게다가 18세기에 자유·평등·박애를 구호로 내걸고 시작한 프랑스 대혁명(1789년)은 인간의 이성이 신마저도 중세 천 년을 두고 주지 못했던 자유롭고 평등한 새로운 사회를 만들 만한 놀라운 가능성을 갖고 있음을 보여 주었습니다. 그러자 혁명을 주도한 로베스피에르(M. Robespierre, 1758-1794)와 자코뱅(Jacobin) 당원들은 — 마치 오늘날 우리가 신을 의미하는 영어 'God'의 첫 글자를 대문자로 쓰듯이 — 인간의 이성을 뜻하는 프랑스어 'raison'의 첫 글자를 대문자로 쓰고, 그것을 신으로 모시는 이신교(理神敎)를 제도화했습니다. 그들은 스트라스부르 대성당 첨탑에서 십자가를 떼어 내고, 그곳에 자코뱅당의 상징인 모자를 금속으로 만들어 달기도 했지요. 건물 곳곳에 새겨져 있던 기적과 연관된 조각 235개는 모두 파괴했습니다.

역시 이신교도였던 미국의 3대 대통령 토머스 제퍼슨(Thomas Jefferson, 1743-1826)은 성경에서 비이성적인 부분들을 모두 삭제한 '제퍼슨 성경'을 만들기도 했지요. 이 새롭고 이성적인 성경은 "거기에 그들은 예수를 뉘였으며, 무덤 문에 커다란 돌을 굴려서 입구를 막고 떠났다"라는 말로 끝납니다. 예수님의 부활과 그에 의한 구원 기록들을 모두 삭제한 것이지요. 빙산의 일각이지만 이러한 일들은 계몽과 이성이라는 말로 대변되는 근대성의 본질을 말해 주는 상징적 사건들입니다. 앞에서 언급했듯이, 카푸토, 스미스 같은 현대 신학자들이 근대성이 기독교와 교회를 공격했다고 지적할 때 바로 이 같은 사건들을 머리에 떠올린 것입니다.

그뿐 아닙니다. 19세기에는 프랑스의 사회학자 오귀스트 콩트(Auguste Comte, 1798-1857)가 창설한 인류교(religion de l'humanité)가 등장했습니다. 그것은 과학주의와 실증주의가 유행한 당시 사회적 배경을 등에 업고 기독교를 크게 위협하던 이신교와 같은 또 하나의 이단적 '변종 기독교'였지요. 인류교에서는 '집단적 인류'가 하나님이고, 인류를 위해 공헌을 한 통치자, 과학자, 종교인, 예술가가 성인(聖人)들입니다. 이 종교에는 이른바 신(新)계몽주의자로 불리는 지식인들, 즉 슈트라우스 같은 자유주의 신학자들, 오언과 푸리에 같은 초기 유토피아 사회주의자들 그리고 조지 엘리엇 같은 뛰어난 예술가들까지 적극 참여했습니다.

그리고 오늘날 리처드 도킨스나 크리스토퍼 히친스와 같은 신(新)진화론자들 못지않게 신을 조롱하기 시작했지요. 예컨대 니체와 거의 같은 시기에 살았던 영국의 문인이자 실증주의자인 모티머 콜린스(Mortimer Collins, 1827-1876)는 신에 대한 인간의 승리를 다음과 같이 노래했습니다.

> 생명과 우주는 자발성을 보여 주노니,
> 신이라는 헛소리는 이제 사라져다오!
> 교회와 교리는 안갯속에서 길을 잃었나니,
> 진리는 실증주의자에게서 찾아야 한다.
> 콩트, 헉슬리, 틴들, 몰리, 해리슨
> 실증주의의 지혜로운 스승들이여,
> 이 빛나는 전사들의 명단에
> 그 누가 감히 끼어들쏘냐?

인간이 신이 되는 시대, 오늘날 유행하는 용어로 표현하자면, 호모 데우스의 시대가 이때 이미 시작했던 것입니다. 이 점에서 보면, '신은 죽었다'라는 니체의 선언은 콘스탄티누스 1세의 밀라노 칙령에 버금갈 만한 문명사적 사건이자 상징이라 할 수 있습니다.

그런데 결과는 어떠했을까요? 신에게서 벗어나 '고삐 풀린 인간'은 한껏 자유를 누렸을까요? 과학주의, 계몽주의, 실증주의가 추구하는 인본주의 가치들을 통해 인류는 정말 지상낙원을 구축하고, 그곳에서 마냥 행복했을까요? 19세기 말 당시 사람들은 정말 그러리라 믿고 기대했던 것 같습니다. 예컨대 영국 런던 대학의 초대 사회학 교수였던 홉하우스(L. T. Hobhouse, 1864-1929)는 『진화 중인 정신』(*Mind in Evolution*)에서 인간의 정신은 새로운 단계의 진화에 도달했고, 이로써 인간의 미래가 이성의 통제 아래 들어가게 되었다고 선언하며 '하나님의 왕국'이 아니라 '인간의 왕국'이 세워질 것을 예언했습니다. 같은 생각에서 노먼 에인절 경(Sir Norman Angell, 1874-1967)은 앞으로는 계몽된 민족들 간에 전쟁이 일어나지 않을 것이라고 밝은 미래를 예언하기도 했지요.[63] 그러나 그것은 한낱 허망한 꿈이었습니다. 인간의 이성이 신으로 등극하자마자 세상에는 오히려 끔찍한 추위와 어둠이 몰려오기 시작했지요.

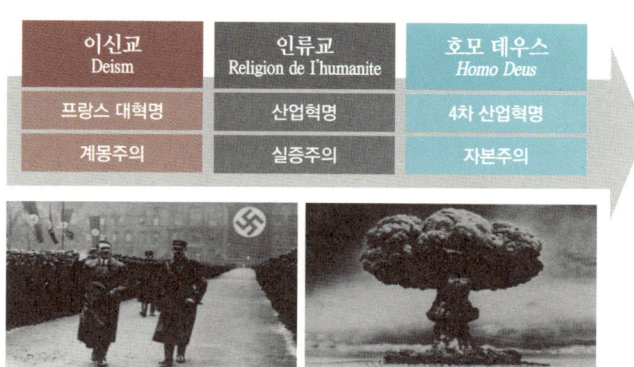

도표 16 신의 죽음, 그 이후 풍경들
신의 죽음이 인간의 죽음으로, 신본주의 가치의 몰락이 인본주의 가치의 몰락으로!

니체가 신의 죽음을 선포한 지 불과 30년이 지나자 제1차 세계대전이 일어났습니다. 연이어 제2차 세계대전도 발발했지요. 그 와중에 인류 역사상 가장 많은 살상자들이 생겨났고, 아우슈비츠와 굴락 수용소에서의 만행, 히로시마와 나가사키에서의 원자폭탄 투하 같은 끔찍한 일들이 일어났습니다. 그것은 이성적 인간, 계몽된 세계에서는 도저히 상상조차 할 수 없는 비인간적 사건들이었지요.

니체는 어쨌든 예지가 번뜩이는 사람이었습니다. 그가 신의 죽음을 선포한 바로 그 자리에서 신을 죽인 인간의 미래에 대해서도 다음과 같이 정확히 예언했기 때문이지요.

하지만 어떻게 우리가 이런 일들을 저질렀을까?

어떻게 우리가 거대한 바다를 마셔 말라 버리게 할 수 있었을까?

누가 우리에게 가없는 수평선을 지워 버릴 수 있는 지우개를 주었을까?

지구를 태양으로부터 풀어놓았을 때 우리는 무슨 짓을 한 것일까?

이제 지구는 어디로 향해 가고 있는 것일까? 태양으로부터 떨어져 나온 지금.

우리는 끊임없이 추락하고 있는 것이 아닐까?

뒤로, 옆으로, 앞으로, 모든 방향으로 추락하고 있는 것이 아닐까?

아직도 위와 아래가 있는 것일까?

무한한 허무를 통과하고 있는 것처럼 헤매고 있는 것이 아닐까?

허공이 우리에게 한숨을 내쉬고 있는 것이 아닐까?

한파가 몰아닥치고 있는 것이 아닐까?

밤과 밤이 연이어 다가오고 있는 것이 아닐까?

대낮에도 등불을 켜야 하는 것이 아닐까?[64]

니체가 옳았습니다. 신의 죽음 이후―바꿔 말해, 우리가 신이라는 이름으로 추구하던 최고의 가치들을 개인의 삶과 사회에서 배제한 후―허공이 한숨을 내쉬었고, 한파가 몰아닥쳤지요. 밤과 밤이 연이어 다가왔습니다. 그래서 대낮에도 등불을 켜야만 했지요. 신에게서 벗어나 고삐가 풀린 인간은 방향을 잃고, 뒤로, 옆으로, 앞으로, 모든 방향으로 추락하며, 무한한 허무와 어둠 속을 헤맬 수밖에 없었지요.

인간의 이성이 신으로 등극한 근대 이후, 자연은 회복 불가능할 정도로 파괴되었고, 인간의 삶은 갈수록 무의미해졌으며, 사회는 무한 경쟁의 지옥으로 변했다는 것은 이제 어린아이까지도 아는 사실입니다. 그래서 마침내 우리가 깨달은 것은 신의 죽음이 곧바로 인간의 죽음으로 이어진다는 것,

신본주의 가치의 몰락은 동시에 인본주의 가치의 몰락을 의미한다는 것이었습니다! 그리고 이제 세계에는 불안과 공포가 팽배합니다.

위험사회와 유동하는 공포

혹시 당신은 이렇게 생각할지도 모르겠습니다. '그것은 다 지나간 일이 아닌가? 케케묵은 옛이야기는 왜 다시 꺼내는가? 우리는 21세기 탈근대 시대에 살고 있다. 인류는 이미 각성했고 근대적 이성이 불러온 그 같은 폭력을 충분히 경계하고 있다. 다시 그런 일이 일어나지는 않을 것이다.' 그런데 과연 그런가요? 정말 다시는 그런 일들이 일어나지 않을 만큼 인류가 진화했고 사회가 진보했나요? 한마디로, 우리의 고삐 풀린 이성을 길들일 처방을 우리가 갖고 있나요?

독일의 사회학자 울리히 벡(Ulrich Beck, 1944-2015)은 '문명의 자기파괴적 잠재력'이라는 개념을 통해 바로 이 질문에 답을 했습니다. '문명의 자기파괴적 잠재력'이란 문명이 자기 스스로를 파괴하는 능력을 가리킵니다. 그래서 이러한 속성을 지닌 문명은 발달하면 할수록 파괴될 위험이 증가한다는 특징을 지녔습니다. 따라서 이 문명은 실패가 아니라 성공이 곧 파멸로 이어지지요.[65] 이것은 인류가 일찍이 경험해 보지 못한 종류의 구조적 위험인데, 벡은 우리 문명이 바로 그 같은 구조를 갖고 있다고 진단했습니다. 그리고 우리가 사는 사회를 위험사회(Risk Society)라고 이름 지었지요.

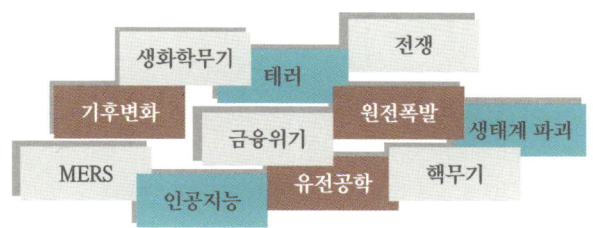

도표 17 위험사회와 유동하는 공포

벡이 말하는 위험사회란 요컨대 "근대화 과정에서 발생하는 위험을 지금까지 유효했던 제도적 방안들, 곧 과학기술로 통제하거나 사회제도로 보상하는 방법으로 극복할 수 있다는 믿음이 깨진 사회"입니다. 그는 핵무기와 생화학 무기, 원자력 발전소, 환경오염, 기후변화, 생명공학과 유전공학, 금융 위기 등과 같이 근대적 이성이 만들어 낸 위험들을 이성적 수단이나 방법으로 예측하거나 통제할 수 없는 사회, 다시 말해 오늘날 우리가 사는 사회를 위험사회라고 규정한 거지요.

그런데 지금은 벡이 이 같은 성찰을 처음 내놓았던 1986년과는 비교도 할 수 없을 만큼 세계화가 진행되었고, 그와 함께 위험도 세계화되었습니다. 벡이 『글로벌 위험사회』에서 경고한 대로, 세계는 이제 예측할 수도 없고, 통제할 수도 없는 자연적·사회적 재난들이 삽시간에 국민국가적 차원에서는 극복될 수 없게 전지구적으로 확산되는 이른바 '글로벌 위험사회'로 변했습니다.

우리가 2008년 미국의 서브프라임 모기지 사태에서 경험했듯이, 월스트리트에서 발발한 금융 위기가 곧바로 전 세계의 주식을 폭락시키고 실업자들을 거리로 내몹니다. 우리가 2009년 신종 플루(H1N1 인플루엔자 A)와 2015년 메르스(MERS, 중동 호흡기 증후군) 사태를 통해 깨달았듯이, 세계 어느 곳에서든 악성 인플루엔자가 발생하면 그것이 서울까지 확산되는 것은 단지 시간문제지요. 또 2011년 후쿠시마 원전 사고를 통해 알 수 있듯이, 파손된 원전에서 새어 나오는 방사능은 빛도 냄새도 형체도 없이 이웃 나라로 스며듭니다.

폴란드 출신 유대인 사회학자 지그문트 바우만(Zygmunt Bauman, 1925-2017)은 이런 현상을 두고, 세계화가 낳은 인류의 단일화란 "근본적으로 달아날 곳이 아무 데도 없다는 뜻이다"[66]라는 말로 표현했습니다. 그렇습니다! 설령 우리가 아직은 직접 경험하지 못했을지라도, 언젠가 최악의 경우 핵무기와 생화학무기 같은 대량 살상무기에 의한 테러나 전쟁이 일어나거나, 조류독감의 맹렬한 독성과 신종 플루의 통제하기 어려운 감염성을 동시에 지닌 새로운 바이러스가 공격해 온다면, 인류는 파국을 맞아야 할지도 모릅니다.[67] 요컨대 문명의 자기파괴적 잠재력이 나날이 커지고 있습니다. '운명의 시계'가 나날이 더 앞당겨지고 있다는 것은 더 이상 비밀이 아니지요.

그뿐인가요? 바우만에 따르면, 지금도 우리는 언제든지 다시 아우슈비츠와 굴락 수용소에 갇히거나 가스실에 들어갈 수 있는 자들입니다. 동시에 '적당한 조건만 주어진다면' 기꺼이 그 가스실의 경비를 서고, 그 굴뚝에 독극물을 넣는 역할을 할 수도 있는 사람들이지요. 언제든 우리 머리 위에 핵폭탄이 떨어질 수도 있지만, '적당한 조건만 주어진다면' 우리가 다른 사람들의 머리 위에 그것을 떨어뜨릴 수도 있습니다.[68] 바로 이것이 지난 300년 동안 인간의 이성을 신으로 모시며, 계몽을 은총으로 믿고 살아온 21세기 우리의 초상화지요.

아흔 살을 훌쩍 넘겨 살며, 근대와 탈근대의 시대를 모두 경험하고 면밀히 성찰한 바우만은 신과의 유대를 단절하고 삶을 스스로 통제하기로 한 근대적 이성이 만들어 낸 위험과 공포, 이 때문에 도저히 피할 수도 없고 예측할 수도 통제할 수도 없는 위험과 공포를 '유동하는 위험', '유동하는 공포'라고 이름 지었습니다. 이제 위험과 공포는 세계 어디에나 언제나 존재합니다. 마치 액체처럼 흘러 다니며 우리의 가정에도 직장에도 거리에도 스며들지요.

다시 한번 바우만의 표현을 빌리자면, 공포는 어두운 거리에도 있고, 반대로 빛나는 텔레비전 화면 안에도 있습니다. 침실에도 있고, 부엌에도 있지요. 우리의 일터에도 공포가 기다리고, 그곳을 오가기 위한 지하철에도 공포가 도사립니다. 우리가 만나는 사람들, 혹은 우리가 알지 못하는 사람들에도, 우리가 소화하는 것들 그리고 우리가 접촉하는 것들에도, 공포가 숨어 있습니다.[69] 네, 그렇지요! 바로 이 때문에 우리가 갈 길을 잃은 겁니다. 이제 우리는 어떻게 해야 하며, 또 어디로 가야 할까요?

내 생각에는 우리의 이러한 정황은 루이스 캐럴(Lewis Carroll, 1832-1898)의 『이상한 나라의 앨리스』(Alice's Adventures in Wonderland)에서 체셔 고양이에게 갈 길을 묻는 앨리스의 그것과 크게 다르지 않습니다.

앨리스 : 내가 어떤 길로 가면 좋을지 가르쳐 줘!
고양이 : 그것은 네가 어디에 가고 싶은지에 달려 있지.
앨리스 : 난 어디에 가도 좋아.
고양이 : 그러면, 넌 어떤 길로 가도 좋아.

아마도 이래서, 아니 바로 이렇기 때문에, 오늘날 사람들은 관능과 쾌락만을 탐닉하는 향락주의, 소유와 소비만을 추구하는 물질주의, 누구에게나 안락한 도피처를 제공하는 각종 상대주의, 모든 것을 시큰둥하게 만드는 냉소주의, 아니면 오히려 정반대로 정치, 연예, 스포츠, 레저, 종교 등에 광적으로 몰입하는 열광주의, 이들 가운데 각자의 처지나 취향에 따라 하나둘씩 골라잡고, 이것저것 번갈아 가며 하루하루를 자위하며, 적어도 겉으로는 활기차게 살아가고 있는지도 모릅니다. 특별히 가야 할 곳이 없는 사람은 어떤 길로 가도 좋으니까요!

실리콘밸리가 만든 신흥 종교

'바로 이때다!' 하고 때맞춰 등장한 것이 유발 하라리가 『호모 데우스』에서 명명한 '데이터교'입니다. 데이터교는 실리콘밸리에서 이제 막 태어난 신흥종교지요. 그럼에도 전 세계에서 이미 수억 명의 신도들을 확보한 강력한 종교입니다. 인터넷에 접속하는 사람의 수가 이미 30억을 넘어섰고 날마다 폭발적으로 늘어나고 있다는 자료를 감안하면, 데이터교는 인류 역사상 유래가 없이 크고 강력한 종교가 되어 간다고 할 수 있습니다.

기독교를 비롯한 기존의 종교들이 대부분 정치와 손잡고

성장한 것과 달리, 데이터교는 경제와 야합하며 막강한 세력을 구축해 가고 있습니다. 자본주의가 금융자본주의에서 데이터 자본주의(Data capitalism)로 바뀌고 있다는 빅토르 마이어 쉰버거(Viktor Mayer-Schönberger) 옥스퍼드대 인터넷 연구소 교수의 말이 그것을 증명하지요. 이 종교에서는 컴퓨터 알고리즘이 '신'이고 데이터가 '말씀'입니다. 무슨 소리냐고요?

여러분도 잘 아는 할리우드 스타 안젤리나 졸리(Angelina Jolie)가 2013년 건강한 두 유방을 모두 잘라 냈답니다. 유전자 조사 결과 유방암에 걸릴 확률이 87퍼센트라는 컴퓨터 알고리즘의 조언을 받아들인 사례로, 상당한 위험을 무릅쓴 수술이었다고 하지요.[70] 그는 이미 열렬한 데이터교 신도가 된 것입니다. 호들갑이라고 생각되는가요? 아니요! 어쩌면 우리도 이미 데이터교에 발을 들여놓고 있는 지도 모릅니다. '주말에 무슨 영화 볼까?', '여름휴가를 어디서 보낼까?' 등을 네이버나 구글이 제공하는 인공지능 데이터에 의존하고 있다면 말입니다. 그게 무슨 문제냐 싶겠지만, 알고 보면 누구든 여기서부터 시작합니다.

하라리는 페이스북 알고리즘이 우리를 우리의 친구보다 더 잘 예측하기 위해 우리가 클릭한 '좋아요' 70개면 족하고, 우리의 배우자보다 더 잘 아는 데는 '좋아요' 300개밖에 필요하지 않다고 합니다.[71] 그래서 앞으로는 무엇을 공부할지, 누구와 결혼할지, 누구에게 표를 찍을지를 고민할 때 우리는 이제 저 위에 있는 신이나 자기 자신에게 묻지 않고 구글이나 페이스북에 물을 것이라며 데이터와 데이터를 분석하는 능력이 권위의 새로운 원천이라고 선언했습니다.

그런데 예전에 우리는 어떻게 했나요? 자신의 진로나 결혼 상대를 결정하는 것 같은 중요한 문제는 기도 중에 하나님에게 묻거나, 교회에 가서 목사님에게 물었지요. 적어도 그리스도인들은 그랬습니다. 실존주의가 유행하던 때의 젊은이들은 이른바 기획투사(Entwurf), 즉 스스로 결단하고 선택하여 그것에 자신을 던지기 위해—그럼으로써 삶의 의미를 찾기 위해—자기 자신에게 물었습니다. 그런데 하라리는 앞으로는 사람들이 아마존이나 구글이나 페이스북에 물을 것이라고 말합니다. 그럼으로써 차츰 새로운 우상으로 등극한 컴퓨터 알고리즘과 데이터의 노예로 전락할 것으로 봅니다.

과장인 것 같지만, 근거 없는 소리는 아니지요! 제가 어렸을 때, 할머님은 잠자리에 들기 전에 성경을 보고 엎드려 기도하고 주무시고, 아침에 눈을 뜨자마자 다시 엎드려 기도하고 성경을 보시곤 했습니다. 아마 당시 그리스도인들은 십중팔구 그랬을 거예요. 그런데 요즈음 우리는 어떤가요? 아침에 눈을 뜨자마자 먼저 스마트폰을 보고, 잠들기 직전에도 그러지 않습니까? 아마 목사님들도 크게 다르지 않을 겁

도표 18 당신도 이미 데이터교 신자다!
컴퓨터 알고리즘과 빅데이터가 이미 우상(偶像)으로 등극했다.
인류는 차츰 새로운 우상의 노예로 전락할 것이다.

니다! 사소한 일이지만 이러한 현상이 단순한 문화적 흐름이 아니라, 하라리가 말하는 호모 데우스 시대의 시작을 알리는 신호탄일 수도 있습니다. 그렇다면 우리는 이제 우리가 말씀과 데이터 가운데 무엇을 더 믿는지를 한 번쯤 스스로 생각해 보아야 합니다. 도대체 우리가 어떻게 하다 여기까지 오게 되었을까요?

무신론적 인본주의의 불가능성

인류는 시대의 변천에 따라 각각 다른 가치를 추구하며 살아왔습니다. 고대와 중세에는 신본주의 가치를 추구하며 살았지요. 근대에는 인본주의 가치를 지향했고, 지금은 포스트모던 시대를 맞아 탈근대적·개인적 가치를 추구하며 살아가고 있습니다. 시대의 변천이 정치적·사회적·경제적 체제의 변화를 가져오고, 그에 따라 가치관이 변하기 때문에 당연하고도 자연스러운 일이겠지요.

그런데 바로 그것이 돌이키기 어려운 과오를 불러왔다는 것이 내 생각입니다. 왜냐고요? 그것은 가치관의 변화가 이전의 가치들을 내몰고 파괴하는 방식으로 이루어졌기 때문입니다. 우리는 인본주의 가치를 지향하며 신본주의 가치를 말끔히 청산하고, 탈근대적 가치를 지향하며 인본주의 가치를 철저히 배제하는 식으로 살아왔습니다. 그리고 이것을 사회의 진보, 역사의 발전이라고 여겨 왔지요. 그런데 그 결과는 어땠나요? 먼저 신본주의 가치들을 청산한 인본주의 가치의 전모를 잠시 살펴볼까요?

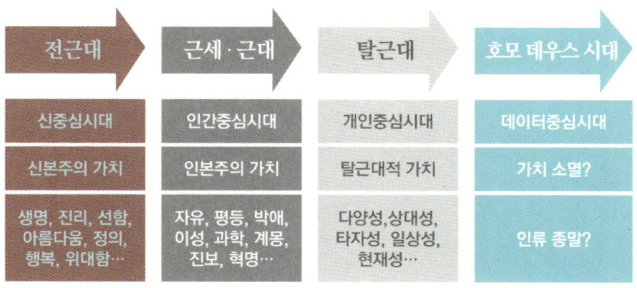

도표 19 가치관의 시대적 변천
가치관의 변화가 이전의 가치들을 파괴하는 방식으로 이뤄졌다!

앞에서 잠시 설명했듯이, 제1, 2차 세계대전을 경험하면서 인류는 신본주의 가치를 대신하여 승승장구하리라고 믿었던 인본주의 가치들이 드러낸 폭력에 전율했지요. 그럼으로써 '신의 죽음'이 곧바로 '인간의 죽음'으로 이어진다는 것, 바꿔 말해 '신본주의 가치의 파괴'가 동시에 '인본주의 가치들의 파괴'를 불러온다는 것을 여실히 경험했습니다. 그것은 따져 보면 논리적 귀결이고, 돌아보면 역사적 사실입니다.

먼저 논리적으로 따져 볼까요? 우리가 켄터베리 대주교 안셀무스를 따라 신을 '인간이 추구하는 모든 가치의 정점'이라고 규정한다면, 신을 배제한 인간이란 무엇일까요? 인간이 추구하는 모든 가치를 배제한 인간, 곧 무가치한 인간이 아니겠습니까? 마찬가지로 신을 배제한 이성, 사회 진보, 민중 해방이란 과연 무엇일까요? 무가치한 이성, 무가치한 사회 진보, 무가치한 민중 해방이겠지요. 이런 것들은 당연히 우리가 원하는 이성, 진보, 해방이 아닙니다. 20세기에 숱한 인본주의 가치를 내세우고 러시아와 동구에서 일어난 공산당 혁명들이 바로 이런 식으로 전개되었지요. 그래서 결국 실패했습니다!

『신을 옹호하다』(*Reason, Faith, and Revolution*)에서 테리 이글턴도 같은 의미에서 "무신론적 인본주의(atheistic humanism)는 오류라기보다 모순어법적 개념이다. 하나님 없이는 온전한 인간성도 있을 수 없기 때문이다"[72]라고 잘라 말했습니다. 근대 이후 사람들은 중세의 신본주의 대신에 인본주의를 내세웠는데, 이때 말하는 인본주의는 당연히 무신론적 인본주의이지만—신이 모든 인간적 가치들의 정점이라고 한다면—이 말은 자기모순에 빠진다는 거지요. 그렇기 때문에 신을 배제한 인본주의란 불가능하다는 것, 달리 말해 신본주의 가치를 배제한 인본주의 가치는 더 이상 가치가 아니라는 것, 인본주의는 오직 '유신론적 인본주의'만이 가능하다는 것입니다.

이번엔 역사를 돌아볼까요? 근대 이후 과학이라는 이름으로 활발히 전개된 '자연과 인간에 대한 이야기들'은 곧바로 고대와 중세 동안 신이라는 이름으로 군림해 온 하나님에 대한 이야기들을 밀어내고 스스로를 최고의 자리에 올려놓았습니다. 프랑스의 포스트모더니즘 철학자 장 프랑수아 리오타르(Jean-François Lyotard, 1924-1998)가 말하는 이른바 '정당화 담론'(discours de légitimation)이지요. 무슨 소리냐고요?

리오타르에 따르면, 근대적 이성이 개발한 각종 자연과학 및 사회과학적 지식과 신념들, 즉 계몽주의, 과학주의, 사회다윈주의, 자본주의, 헤겔의 변증법, 역사주의, 마르크스주의, 정신분석학과 같이 자신의 영역에서만 정당성을 갖는 한갓 '작은 이야기'(petit récit)들이 스스로를 진리로 정당화함으로써 다른 모든 이야기를 포괄하고 설명하는 '큰 이야기'(grands récit)가 되었습니다. 그리고 곧바로 보편성 실현이라는 미명 아래 각기 자신의 한계를 넘어 문화, 예술, 정치, 경제, 종교 등 각종 다른 영역에 침범하여 주인으로 행세하는 폭력을 행사했지요.

우리의 이야기와 연관해 예를 들자면—앞에서 카푸토와 스미스가 지적했듯이—17세기 계몽주의자, 18세기 실증주의자, 19세기 진화론자, 20세기 사회주의자들이 기독교를 퇴출하려고 공격한 일이 바로 그것입니다. "포스트모던은 큰 이야기에 대한 불신"[73]이라고 정의한 리오타르는 이러한 일을 "상이한 질서의 축첩(蓄妾) 관계"[74]라는 말로 비판했습니다. 마치 첩을 여럿 둔 가부장처럼 자신의 한계를 뛰어넘어 폭력적 지배권을 행사하려 했다는 거지요.

바로 이것이 20세기 후반부터 해체주의자들과 포스트모더니스트들이 근대성(modernity)이라는 이름으로 고발한 인간 이성의 실체입니다. 그리고 그것이 목적이 수단을 정당화한다는 논리로 연출한 가장 극적인 장면을 우리는—앞에서 이미 언급한 대로—굴뚝으로 독극물을 투입한 구소련의 굴락 수용소, 샤워실로 가스를 주입한 아우슈비츠, 민간인들의 머리 위에 무차별적으로 원자폭탄을 투하한 히로시마와 나가사키에서 확인하고 전율했던 겁니다. 우리를 더욱 경악케 하는 것은 그들이 오지에 사는 미개인들이 아니라 당시 최고의 문명국에 사는 '이성적인 너무나 이성적인' 사람들이었다는 사실이지요.

진화된 정신, 계몽된 이성을 내세워 과거 어느 세기보다 더 인간성의 승리를 외쳐 댔던 20세기에 도대체 어떻게 그같이 잔혹한 제노사이드(genocide)가 일어날 수 있었을까요? 제노사이드란 그들이 잘못을 했든 아니든 간에, 단지 그 집단에 속해 있다는 이유만으로 민간인들을 무조건 살해하는 대량 집단학살을 말합니다. 혁명기의 러시아나 제2차 세계대전 중 나치 점령지에서는 거의 천만 명에 달하는 제노사이드가 각각 자행됐습니다. 어디 그뿐인가요? 재러드 다이아몬드(Jared Diamond)의 『제3의 침팬지』(*The Third Chimpanzee*)에 따르면, 이 밖에도 20세기에 벌어진 제노사이드 가운데 백만 명이 넘는 규모만도 열 건에 가깝습니다. 이것이 우리가 인간의 이성을 신으로 정당화할 때 일어나는 끔찍한 일입니다.

작은 이야기가 낳은 폭력

그런데 그러한 '부당한 정당화'가 이제는 끝났을까요? 20세기 후반에 라캉, 푸코, 데리다 같은 포스트구조주의자들을 시작으로 리오타르, 하버마스, 로티와 같은 포스트모던 철학자들이 이 고삐 풀린 야수를 해체하려고 실로 영웅적인 노력을 기울였지요. 하지만 아직은 미완입니다! 게다가 새로운 정당화도 속속 진행되고 있지요. 근래에는 유전공학, 진화생물학, 인공지능과 같은 첨단 과학기술과 함께 부활하고 있는 과학주의가 다시 큰 이야기로 등극하고 있고, 포스트모더니즘 역시 큰 이야기가 되어 가고 있습니다. 예나 지금이나 호랑이가 없는 굴에서는 이리가 호랑이가 되는 법이지요!

설마라고요? 아닙니다! 포스트모더니즘은 이미 스스로를 진리로 정당화하며 우리를 송두리째 사로잡고 있습니다. 오늘날 우리가 다양성, 개별성, 상대성, 타자성, 현재성을 지향하며, 개인의 심리와 성적 취향, 다양한 문화와 요리, 놀이, 주거, 관광, 레저와 같은 작은 이야기에만 몰두하고 있는 것이 그 증거입니다. 신문, 방송, 인터넷도 이 같은 작은 이야기들이 장악한 지 이미 오래지요. '지금 이 순간에 충실하라'는 카르페 디엠, '인생은 한 번뿐'이라는 욜로(YOLO; You Only Live Once), '작지만 확실한 행복'을 뜻하는 소확행(小確幸)과 같은 신조어들이 유행하는 것도 이와 무관하지 않습니다. 그 밑바닥에는 소비를 통해 생존하려는 후기 자본주의의 교활한 술책이 은밀히 숨어 있는 것 또한 사실이지요.

다른 예로 시내 대형 서점의 인문학 코너에 진열되어 있는 책들을 들 수 있습니다. 여기에서도 지난 몇 년 사이 신, 진리, 사랑, 이성, 계몽, 혁명과 같은 큰 이야기들이 거의 사라지고 그 자리를 차츰 작은 이야기들이 점령해 가고 있습니다.

그동안 인문학이라는 제목이 붙은 책만도 수백 종이 출간되었을 텐데 대부분이 음식, 여행, 신체, 성(性), 패션, 주택, 가요, 사진, 영화, 스포츠처럼 작고 일상적 주제를 다루는 서적이지요.

물론 그것이 잘못되었다는 것은 결코 아닙니다! 또 그 저작들을 폄하하려는 것도 절대 아닙니다! 라캉과 푸코가 충분히 입증했고, 리오타르가 적절히 언급한 대로, 우리는 개인의 심리와 취향, 문화의 다양성, 인식과 가치의 상대성, 소소한 일상의 중요성을 조명하는 작은 이야기들을 부지런히 해야만 합니다. 그래야만 신이니, 진리니, 자기 비움이니, 이웃 사랑이니 하는 전근대적 큰 이야기와 이성이니, 계몽이니, 진보니, 혁명이니 하는 근대적 큰 이야기들이 진리성, 보편성, 객관성, 역사성 등을 내세워 행하는 폭력을 차단할 수 있기 때문입니다.

다만 문제는, 우리가 그런 작은 이야기만 할 뿐 큰 이야기들을 더 이상 하지 않는다는 데 있습니다. 오늘날 우리는 신과 그의 이름으로 추구되던 신본주의 가치와 그것들을 위한 인간의 헌신, 자기 비움, 사랑에 대해서는 '전근대적'이라는 이유에서 이야기하지 않지요. 이성과 주체, 사회적 진보와 혁명과 같은 인본주의 가치와 그것들을 위한 인간의 연대, 협동에 대해서는 '근대적'이라 해서 입을 닫고 있습니다. 그리고 오직 탈근대적 이야기들에만 관심을 둡니다. 바로 이것이 잘못되었다는 말이지요.

우리가 그러는 동안, 마치 신본주의 가치를 떠난 인본주의 가치가 폭력을 불러왔듯이, 신본주의와 인본주의 가치에서 모두 벗어난 탈근대적 가치들도 폭력적이라는 사실이 속속 드러나고 있습니다. 생명, 진리, 선함, 아름다움, 사랑뿐 아니라 이성, 계몽, 진보, 혁명과 같은 큰 이야기가 없는 개인의 심리, 성적 취향, 다양한 문화, 상대적 인식과 가치, 일상의 소중함과 같은 작은 이야기도 역시 폭력적일 수 있다는 말이지요. 무슨 엉뚱한 소리냐고요? 자못 생소하여 얼핏 억지처럼 들릴지 모르겠습니다만, 엄연한 사실입니다. 예를 하나 들어볼까요?

잘 아시듯이, 오늘날 인류는 그들이 지구상에 존재한 이래 최고의 생산 기술을 갖추고 최상의 물질적 풍요를 누리고 있습니다. 매년 전 세계 인구의 두 배 가까운 120억 명이 먹을 수 있는 식량을 생산하고 있지요. 그래서 절대적 빈곤이 줄어들고 있다고도 합니다. 그럼에도 불구하고 『왜 세계의 절반은 굶주리는가』(*La Faim Dans le Monde Expliquee A Mon Fils*)를 쓴 장 지글러(Jean Ziegler)가 식량특별조사관으로 일하고 있는 '유엔인권위원회'와 같이 믿을 만한 국제기구들의 보고에 따르면, 전 세계 인구의 절반이 굶주리고 매일 10만 명 이상

도표 20 작은 이야기 없는 큰 이야기는 폭력이다!
그러나 큰 이야기 없는 작은 이야기 역시 폭력이다!

이 죽어 가고 있습니다.

여기에는 분명 뭔가 잘못이 있는 것이지요! 5달러짜리 백신은 그만두고 1달러짜리 모기장 하나가 없어 한 해 수백만의 아이들이 말라리아로 죽어 가고 있는 세상에 살면서도, 만일 우리가 개인의 심리나 성적 취향의 다양성, 다문화적 요리와 놀이, 그리고 주거, 관광, 레저와 같이 작은 이야기들에만 관심을 두고 이 같은 현실에서 눈을 돌린다면, 그래서 썩은 물과 진흙쿠키를 먹는 5세 미만의 어린이들이 5초마다 한 명씩 목숨을 잃고 있다면, 이것도 역시 하나의 폭력이라는 말입니다.

부러진 모세의 지팡이

세상이란 언제나 얻는 것이 있으면 잃는 것도 있기 마련이지요. 앞에서 소개한 데리다의 글에서 보듯이, 포스트모더니스트들은 인류 문명의 기반이었던 큰 이야기들을 철저하게 제거하고, 사회를 구성하는 동력인 주체를 면밀하게 해체하며, 타자와 차이의 중요성을 과도하게 강조함으로써 공동체의 결합과 연대를 현저하게 약화시켰습니다. 그 결과 이제 우리는 사회 개혁이나 변혁을 실행하기 위한 기반인 이념도 주체도 연대도 모두 상실해 가고 있습니다.

이것이 오늘날 자본주의자들이 포스트모더니즘을 손뼉 치며 반기는 이유이고, 캘리니코스, 라라인, 하비, 지젝 같은 좌파 지식인들이 포스트모더니즘이 계몽과 혁명의 조건들을 약화시킴으로써 자본주의의 존속에 일조하고 있다고 지적하며 날 세워 비판하는 이유지요. 이해를 돕기 위해 슬로베니아의 철학자 슬라보예 지젝(Slavoj Žižek)이 든 예를 하나 소개 하자면 이렇습니다.

인도에서는 맥도날드가 소기름을 쓰지 않고 식물성 기름으로만 감자튀김을 만들겠다고 약속했는데, 그것은 힌두교도들이 소를 신성하게 여기기 때문입니다. 그러나 지젝이 보기에는 이처럼 문화적 다양성을 존중하는 듯한 맥도날드와 미국 기업들의 포스트모던적 조치는 단순한 '생색내기'이며, 그것은 신자유주의적 자본주의(new liberal capitalism)를 무탈하게 존속하게 할 뿐입니다. 그러면서도 그들이 인권이나 계몽에 관해서는 어떤 언급이나 고려도 하지 않기 때문에, 예컨대 인도에서 남편이 죽으면 부인도 불에 태워 죽이는 것 같은 힌두교 전통의 개혁을 오히려 방해하는 요소로도 작용한다는 거지요. 바로 이 점에서는 포스트모더니즘도 폭력적이라는 겁니다.

영국 버밍엄 대학교 사회학 교수인 호르헤 라라인(Jorge Larrain)이 『이데올로기와 문화정체성』(*Ideology & Cultural Identity*)에서 "모더니티에 반대하면서 포스트모더니즘으로 돌아선 이 이론들은 그 자체가 이데올로기적이라는 게 나의 주장이다"[75]라고 한 것은 그래서입니다. 또한 테리 이글턴이 『포스트모더니즘의 환상』(*The Illusions of Postmodernism*)에서 포스트모더니즘은 궁극적 해결이라기보다 문제의 일부라고 지적한 것도 그래서지요. 그러다 보니, 다시 말해 우리가 이렇게 큰 이야기들을 모두 내쳐 버리고 작은 이야기만 하며 살다 보니, 갈 길을 잃은 것입니다.

사랑과 헌신을 이끌어 내 인간과 세계를 가치 있게 하던 신은 죽어 버렸고, 인류애와 연대를 통해 사회를 진보시킬 이성과 주체도 해체되어 버렸습니다. 우리를 인도하던 모세

도표 21 가치 소멸과 각자도생
젖과 꿀이 흐르는 땅을 향해 바다를 갈랐던 모세의 지팡이는 부러져 버렸고, 유토피아를 향해 치켜들었던 레닌의 팔은 잘려 버렸다. 신본주의 가치도, 인본주의 가치도 사라지고 탈근대적 가치만이 남아 있는 세상에서 이제 우리는 이상한 나라의 앨리스처럼 갈 길을 잃고 헤맬 수밖에 없다.

의 지팡이는 부러져 버렸고, 민중을 이끌던 레닌의 팔은 잘려 버렸지요. 작은 이야기들이 큰 이야기들을 하나씩 차례로 몰아내고 스스로 큰 이야기가 됨으로써, 소중했던 가치들이 모두 바람처럼 사라져 버리고, 시대마다 유효했던 '공인된 처방'들이 망명 정부의 지폐처럼 휴지 조각이 되어 버렸습니다.

우리는 이제 신의 은총이 사라진 하늘 아래서, 인간과의 연대와 협력이 사라진 땅 위에서 작은 이야기들이 지향하는 다양성과 상대성에 매몰되어 아무런 이정표도 없이 스스로 갈 길을 결정하고 책임져야 하는 포스트모던한 시대를 맞았습니다. 시쳇말로 '각자도생'(各自圖生)의 시대가 온 겁니다. 그래서 우리는 마치 부모 잃은 아이들처럼 혹은 의사 없는 환자들처럼 허둥대기 시작했고, 거리에는 위험과 공포가 유령

처럼 떠돌기 시작했습니다. 오늘날 우리가 고양이에게 갈 길을 묻는 앨리스처럼 컴퓨터 알고리즘에게 살길을 묻게 된 것도 바로 그래서지요.

'새로운 문명 이기(利器)를 받아들이는 것이 뭐가 잘못되었느냐'고 생각할 수 있습니다. 하지만 컴퓨터 알고리즘과 데이터가 우리의 갈 길과 살길을 가르쳐 주리라는 기대는, 첨단 과학기술과 손잡은 자본주의가 만들고 우리가 부지불식간에 수용한 '거대한 환상'에 불과합니다! 그 터무니없는 환상 속에서 우리는 이미 하라리가 예언한 것같이 밥만 축내는 호모 유스리스가 되어 가는지도 모릅니다. 이제 어떻게 해야 할까요?

공허와 맹목 사이로 난 길

여기서부터는 해법을 모색해 보고자 합니다. 오늘날 우리가 당면한 문제는 '이것이냐, 저것이냐' 하는 방법으로 해결될 수 있는 성질의 것이 아닙니다. '이것을 취하되, 저것도 버리지 말아야' 하지요. 요컨대 작은 이야기들도 하되, 큰 이야기들도 함께 하자는 말입니다. 그래야만 큰 이야기가 동반하는 '폭력성'이 차단되고, 작은 이야기가 가진 '맹목성'도 제거되기 때문입니다. 일찍이 영국의 경험론과 대륙의 합리론을 종합했던—서로 대립하는 양자를 종합했다는 점에서 위대한—칸트를 흉내 내어 표현하자면,[76] 작은 이야기 없는 큰 이야기는 공허하며 큰 이야기 없는 작은 이야기는 맹목이기 때문입니다. 그리고 앞서 살펴보았듯이 그 둘 모두 폭력을 야기하지요.

그래서 큰 이야기와 작은 이야기들을 모두 함께 함으로써 우리의 이야기를 '온전한 담론'이 되게 하자는 것입니다. 바꾸어 말하자면 생명, 진리, 선함, 아름다움, 정의, 위대함과 같은 전근대적·신본주의 가치들은 물론이거니와 이성, 계몽, 혁명, 과학, 진보, 해방과 같은 근대적·인본주의 가치들, 그리고 상대성, 다양성, 개별성, 현재성 같은 탈근대적·개인적 가치들까지 우리가 시대를 따라 추구했던 가치들을 모두 되살려 냄으로써 '온전한 가치'가 되게 하자는 겁니다.

물론 이 일은 쉬운 일이 아니고 그것에 도달하는 길도 결코 평탄하지 않을 것입니다. 곧바로 예상되는 난제는 서로 상반·대립하는 큰 이야기와 작은 이야기들을 어떻게 한데 아우를 수 있는가, 충돌하는 가치들을 어떻게 종합할 수 있는가 하는 것이지요. 실로 불가능해 보일 만큼 난해한 문제임이 분명합니다. 그래서 하라리가 단호한 어조로 예언한 대로, 우리는 비상 브레이크를 찾는 데 실패할 것이고, 머지않아 파국을 맞을지도 모르지요. 어쩌면 인류는 정말로 이 세기 안에 종말을 맞을지도 모릅니다.

그러나 그리스도인으로서 우리는 희망을 포기해서는 안 됩니다! 여기서 우리는 플라톤의 『국가』로부터 내려오는 고대 그리스 철학의 이상이 삶과 사회에 더 이상 새로운 비전을 제시할 수 없음이 드러날 무렵에 기독교가 등장해 헬레니즘과 헤브라이즘의 융합을 이루어 냄으로써 새로운 시대를 열었던 것을 상기해야 합니다. 또한 중세 가톨릭교회가 부패해 서구 세계가 칠흑 같은 어둠으로 덮여 가던 즈음에 르네상스와 종교개혁이 일어나 새로운 시대를 열었던 것도 다시 떠올려야 합니다. 왜냐하면 문명사적 격변기이자 위기라는 측면에서 본다면 지금이 '그날 그때'와 크게 다르지 않기 때문이지요. 문제의 심각성과 해결책의 묘연함에서 보더라도 지금이 '그날 그때'와 조금도 다르지 않기 때문입니다.

성육신과 부활이 우리에게 엄중히 가르치듯이, 기독교는 '불가능성의 가능성'을 믿는 종교입니다! 그래서 기독교는 희망의 종교이자 혁명의 종교인 것이지요. 이런 관점에서 다시 생각해 보면 문제 해결의 실마리와 원칙이 전혀 없는 것도 아닙니다. 만일 우리가―고대에 초기 기독교 신학자들이 그랬듯이, 또한 르네상스 시기에 종교개혁자들이 그랬듯이―숭고한 이상을 가슴에 품고 담대한 지적 모험을 감행함으로써 서로 대립하며 충돌하는 가치들의 통합과 융합을 이루어 낸다면 인류는 당면한 위기를 극복하고 다시 한번 새로운 시대를 맞이할 것입니다. 그리고 그것은 어쩌면 '그날 그때'와 마찬가지로 오직 기독교와 기독교 신학만이 해낼 수 있을지도 모릅니다. 왜냐고요?

내 생각에, 기독교는 거대한 용광로입니다. 교리사가 증언하듯이, 그리고 우리가 지금까지 살펴본 것같이, 기독교는 처음부터 물과 기름 같은 히브리인의 계시와 그리스 철학이 만나 서로 융합함으로써 시작했지요. 이후에도 시대마다 이질적이고 적대적인 사상과 사조들의 숱한 도전이 있었지만, 그때마다 그것들을 배척하지 않고 오히려 끌어안아 마침내는 자기의 것으로 만듦으로써 스스로 풍성하고 강해지는 길을 걸어왔습니다.

큰 틀에서 보면 교회의 발자취도 다르지 않았습니다. 교회사가 증언하듯이, 초대교회는 유대교의 '혈통적 인종주의'와 그리스의 '문화적 인종주의'를 극복하며 시작했습니다. 그리고 당시로서는 인간 취급조차 받지 못했던 이방인, 여성, 노예, 어린아이 등을 구분 없이 받아들여 환대하고 포용함으로써 성장했지요. 이후에도 교회는 가는 곳마다 목마른 자, 굶주린 자, 병든 자, 억눌린 자, 떠도는 자 같은 사회적 약자와 타자들을 끌어안아 하나가 되는 예수님의 사역을 수행하며 기독교를 세계 종교로 만든 것입니다. 교회 역시 거대한 통합과 융합의 도가니인 거지요.

물론 2천 년 교회사를 자세히 들여다보면, 배척과 분쟁으로 얼룩진 수치스러운 과거가 없었던 것은 아닙니다. 대표적인 사건만 예로 들어도 12, 13세기에는 십자군이 성전(聖戰)이라는 이름으로 콘스탄티노플과 안디옥 그리고 예루살렘에서 끔찍한 살육과 강간, 약탈을 저질렀지요. 16세기에는 유럽의 가톨릭교도가 한 손에는 성서를, 다른 한 손에는 총칼을 들고 중남미 각국에서 역시 숱한 악행들을 자행했습니다. 17세기 이후에는 청교도가 북아메리카 대륙에서 하나님의 이름으로 정복과 선교를 감행하며 똑같은 만행을 저질렀지요.

그럼에도, 온갖 그럼에도 불구하고, 거시적으로 보면 기독교는 교리에서든 목회에서든, 이념적으로든 수행적으로든 통합과 융합의 바다가 되기를 부단히 바라고 지향해 왔습니다! 또한 그리스도인은 무차별적 통합과 융합을 이루는 존재의 바다를 야훼(YHWH), 곧 '유일신' 또는 '하나님'이라고 부르며 섬겨 왔지요. 여기에 기독교의 본질이, 정신이, 힘이 존재합니다. 그리고 바로 여기에 우리의 희망과 미래가 있지요.

신학도 가만히 바라보고만 있진 않았습니다. 기독교 신학은 이 같은 통합과 융합의 사역을 위한 사고와 논법을 부단히 개발해 왔습니다. 서방 신학의 이중적 논법(二重的 論法)과

동방신학의 페리코레시스(*perichoresis*)가 그 대표적 예입니다. 우선 아우구스티누스가 즐겨 사용하여 정통신학의 기틀을 다졌던 이중적 논법을 보면, 그것은 논리적 모순이라는 치명적 약점을 감내하면서까지 서로 대립하는 양자를 가차 없이 하나로 묶는 사유 방법입니다. 그럼으로써 칸트의 순수 이성으로는 도저히 파악할 수 없는 진리의 실체를 드러낼 뿐 아니라, 시대마다 통합과 융합이라는 기독교적 사유의 본질을 구현해 냈지요. 기독교의 중요한 교리들이 모두 이 논법을 통해 이뤄졌고, 이 어법에 따라 표현되는 것이 그 때문입니다.

하나님은 '셋이자 하나'이고, '아버지이면서 동시에 아들'이라는 삼위일체론, 예수님은 '참 하나님이자 참 인간'이라는 그리스도론, 교인은 '의인이면서 동시에 죄인'이라는 칭의론, 교회는 '성인 공동체이면서 동시에 죄인 공동체'라는 교회론, 이 모두가 이중적 논법이 이뤄 낸 위대한 결과물 아니겠습니까?

페리코레시스는 독일의 현대 신학자 위르겐 몰트만(Jürgen Moltmann)과 레오나르도 보프(Leonardo Boff)[77]를 비롯한 해방신학자들이 고대 동방신학의 삼위일체론에서 차용해 온 개념입니다. 상호내주(相互內住), 상호침투(相互浸透), 곧 성부·성자·성령이 '서로가 서로의 안에 침투해 들어가 있다'는 뜻을 갖고 있지요. 몰트만이 이 용어를 통해 하고자 하는 말은―이것이 중요한데요―성부·성자·성령의 통일성은 같은 것들이 모여 있는 '단일성'이 아니라, 다양한 것들이 서로 모여 이루는 '공동체성'이라는 것입니다.[78] 그리고 그것이 우리가 마땅히 이뤄야 하는 사회의 모델이라는 거지요.[79]

"피조물들은 나란히 그리고 더불어 실존하지 않으면 안 된다"[80]라는 말로 몰트만은 페리코레시스적 공동체를 만드는 데는 단순히 자신과 동일한 것만 받아들이는 '동종 사랑'(homologous love)이 아니고, 그것을 넘어서서 이질적이고 다양한 것까지 받아들이고 포괄하는 '이종 사랑'(heterologous love)이 요구된다는 것을 설파했습니다. 이것은 마치 교향악에서 서로 다른 악기들이 각자 자기 소리를 냄으로써 또는 4부 합창에서 각 성부가 각각의 역할을 유지함으로써, 단성음악보다 훨씬 더 풍성하고 아름다운 다성음악을 만들어 내는 것에 비유할 수 있지요. 이런 의미에서 예컨대 프리드리히 헨델(G. Friedrich Händel)의 오라토리오 "메시아"는 그 노랫말 때문만이 아니고, 독창과 혼성 4부 합창 그리고 관현악으로 이뤄진 곡 구성에 있어서도 기독교적이라 할 수 있습니다.

우리는 어쩌면 기독교 신학을 너무 비판적으로만 봐 왔는지도 모릅니다. 그래서 하는 말인데, 정당한 비판이야 언제나 필요하지만 기독교 신학을 업신여기거나 가볍게 보아서는 안 됩니다. 그 안에는 이중적 논법과 페리코레시스와 같이 서로 이질적 요소들의 통합과 융합을 이뤄 낼 수 있는 논리와 지식과 지혜가, 그리고 그것들을 실천해 온 소중한 경험들이 가득 쌓여 있습니다! 그것은 기독교 신학만이 지닌 고유하고 위대한 전통이자 자산이지요! 그래서 지금 우리가 당면한 문제를 해결하는 데는―다시 말해 서로 대립·충돌하는 신본주의 가치, 인본주의 가치, 탈근대적 가치를 모두 통합하여 '온전한 가치'를 정립하는 데는, 그럼으로써 파국을 향해 달리는 설국열차를 멈추고 인간과 세계를 구원하는 데는―기독교 신학만 한 이론 체계가 없다는 것이 내 생각입니다.

너희도 온전하라

 물론, 이론과 실천이 항상 같을 수는 없습니다. 그래서 용광로 같은 통합과 융합의 실천을 위해 때로는 '경직된 교리를 뛰어넘는 사고', '유연하지만 올곧은 지혜'도 필요합니다. 무슨 소리냐고요? 통합과 융합을 위해서는 원칙과 실용, 이론과 실천 사이에 '적당한' 간격이 필요하다는 뜻입니다. 그 간격 속에서 연약한 인간들이 숨을 쉬고, 하나님의 은혜가 역사하며, 거대한 통합과 융합이 준비되고 숙성하는 겁니다.

  우리는 "하나님이 그 해를 악인과 선인에게 비추시며 비를 의로운 자와 불의한 자에게 내려주심이라…그러므로 하늘에 계신 너희 아버지의 온전하심과 같이 너희도 온전하라"

(마태복음 5:45-48)는 말씀을 떠올려 예수님이 교훈한 '온전함'의 의미가 무엇인지를 되새겨야 합니다. 2천 년 기독교 역사에는 이를 설명할 수 있는 많은 예가 있지만, 여기에서는 그 중 하나로 사랑에 관한 아우구스티누스의 가르침을 소개하려고 합니다.

신학자로서 아우구스티누스는 일찍부터 인간의 '자기 사랑'과 '물질 사랑'이 모든 죄악의 근원임을 정확히 파악하고 있었습니다. "탐심은 우상 숭배니라"(골로새서 3:5)라는 바울의 가르침도 가슴에 새겼지요. 그래서 그는 자기 사랑과 물질 사랑을 콘쿠피스켄티아(*concupiscentia*), 곧 '무한한 탐욕'이라 일컬으며, 구원을 얻기 위해서는 그것들을 버려야만 한다고 평생 동안 외쳤습니다. 칼빈이 자기 사랑을 페스트에 견준 것을 훨씬 능가할 정도였지요. 그럼에도 목양자(牧羊者)로서 아우구스티누스는 자기 사랑과 물질 사랑을 죄로 몰아 금하는 교리와는 사뭇 다른 처방을 내렸습니다.

『기독교 교육론』(*De Doctrina Christiana*)에서 아우구스티누스는 우리가 해야 할 사랑에는 모두 네 가지가 있다고 했습니다. 첫째는 우리 위에 있는 하나님에 대한 사랑이고, 둘째는 자기 자신에 대한 사랑이며, 셋째는 우리 옆에 있는 이웃에 대한 사랑이고, 넷째는 우리 아래에 있는 물질에 대한 사랑이지요. 그렇다면 왜 예수님은 첫째 '하나님 사랑'과 셋째

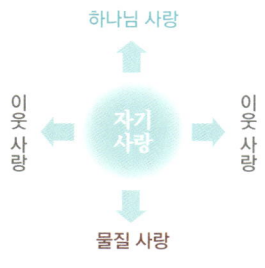

도표 22 "아버지의 온전하심과 같이 너희도 온전하라"(마태복음 5:48)
아우구스티누스가 설파한 '온전한 사랑' 안에서는 하나님 사랑과 이웃 사랑이 자기 사랑과 물질 사랑의 맹목성을 바로잡아 주고, 자기 사랑과 물질 사랑이 하나님 사랑과 이웃 사랑에서 오는 공허함을 해소한다.

'이웃 사랑'만을 강조해 새로운 계명으로 가르치셨을까요?(마태복음 22:37-40) 이에 대해 아우구스티누스는 둘째인 '자기 사랑'과 넷째인 '물질 사랑'에 대해서는 교훈할 필요가 없다고 했습니다.[81] 가르치지 않아도 우리가 너무나 잘하고 있기 때문이지요.

이어서 아우구스티누스는 "네 이웃을 네 자신같이 사랑하라"라는 말씀을 근거로 예수님의 가르침에는 자기 사랑과 물질 사랑도 다 포함되어 있으며, 그 모두가 하나님 사랑으로 귀결된다고 설명합니다. 그리고 예수님이 새로 주신 두 계명이 우리가 사랑해야 하는 것들을 한 가지도 빠뜨리지 않았다고 단언하지요.[82] 나는 이 말을, 네 가지 사랑을 모두 합해야 비로소 '온전한 사랑'이 된다는 뜻으로 해석합니다. 왜냐고요?

아우구스티누스가 말하는 "한 가지도 빠뜨리지 않은" 사랑, 곧 내가 말하는 온전한 사랑 안에서는 하나님 사랑과 이웃 사랑이, 악한 우리로서는 끊으려야 끊을 수 없는 자기 사랑과 물질 사랑의 '맹목성'을 바로잡아 주기 때문입니다. 또한 자기 사랑과 물질 사랑이, 죄된 우리로서는 채우려야 채울 수 없는 하나님 사랑과 이웃 사랑의 '공허함'을 해소해 주기 때문입니다. 그럼으로써 또 그래야만 우리의 사랑이 비로소 온전해지는 거지요.

아우구스티누스는 이렇듯 인간의 죄성과 연약함을 고려하여 교리와 목양을 구분해 교훈했습니다. 아흔아홉 마리 양을 두고 길 잃은 한 마리 양을 찾아 나서라고 하신(마태복음 18:12-13) 예수님의 가르침대로, 높고 굳은 교리에 걸려 넘어지는 성도들을 일으켜 인도하는 것을 목양자의 사역으로 여겼던 거지요. 저는 우리가 위대한 신학자들이 이뤄 낸 통합과 융합의 사고와 논법들을 찾아 익힘은 물론이거니와 또 그것을 실천해 내는 데 필요한 유연하지만 올곧은 지혜도 본받아, 오늘날 우리가 당면한 문제들을 해결해야 한다고 생각합니다.

온전한 가치, 온전한 신학을 위하여

이제 이야기를 마무리하고자 합니다. 호모 데우스 시대의 절망을 극복하는 길은 온전한 가치의 추구와 구현에 있고, 그 첫걸음은 당연히 신본주의 가치들의 복원이 되어야 합니다. 무신론적 인본주의는 모순어법이라는 테리 이글턴의 주장이 의미하듯이, 모든 다른 가치가 신본주의 가치를 기반으로 시작해야 비로소 제 몫을 하고 본래의 의미와 가치를 유지할 수 있기 때문입니다. "모든 인간의 사고는 각종 신념의 틀 안에서 일어나지만 오직 성서적 틀만이 우리가 궁극적 실체의 본성을 바르게 해석할 수 있게 한다"[83]는 트리니티 신학교 조직신학 교수 케빈 밴후저(Kevin Vanhoozer)의 말도 같은 맥락 안에서 이해할 수 있습니다.

무엇보다도 먼저 신본주의 가치들을 복원해야 한다는 이 말은 신본주의 가치를 토대로 인본주의 가치를 복원하고, 다시 그것을 토대로 탈근대적 가치를 구축하여 '온전한 가치'를 정립해 나가야 함을 뜻합니다. 그것은 동시에 탈근대적 가치는 인본주의 가치를 벗어나서는 안 되고, 인본주의 가치는 신본주의 가치를 벗어나서는 안 된다는 의미이기도 하지요. 그 통합과 융합의 용광로 안에서 시대마다 새롭게 드러나기 마련인 기존 가치의 공허함과 새로운 가치의 맹목성이 상호 해소되고 보완되어 온전한 가치로 거듭나게 해야 합니다. 그래야 우리가 하나님의 은총이 사라진 하늘 아래서, 인간의 연대와 협력이 사라진 땅 위에서 유동하는 공포에 떨며 살지 않을 것이기 때문입니다. 또한 그래야 고양이에게 갈 길을 묻는 이상한 나라의 앨리스처럼 컴퓨터 알고리즘에게 살길을 묻지 않게 될 것이기 때문이지요. 이 점에서 온전함을 추구하는 가치는 항상 열려 있습니다.

또한 이 말은 기독교 신학이 시대마다 새로운 변화와 도전으로 다가오는 시대의 인문학을 끌어안아 자신의 것으로 만듦으로써 부단히 온전함을 지향해야 함을 의미하기도 합니다. 지금 시점에서 본다면 포스트모더니즘, 생태주의, 페미니즘처럼 이미 도마 위에 오른 이념들뿐 아니라, 4차 산업혁명 시대를 맞아 새로운 도전으로 다가오는 문제들—예컨대 유발 하라리가 지적한 호모 데우스, 호모 유스리스, 데이터교 같은 새로운 문제 등—에 대한 인문학적 성찰들도 수용해 말씀에 합당한 해결책을 마련해야 한다는 뜻입니다. 그래야 신학이 공허해지지 않고, 인문학이 맹목적이지 않게 되기 때문이지요. 또한 그래야 기독교 신학이 매 시대마다 하나님 나라와 이 세상을 잇는 건실한 교량이 되기 때문입니다. 이 점에서 온전함을 지향하는 신학은 언제나 열려 있습니다.

'온전한 가치의 지향', '온전한 신학의 추구'라는 말이 조금 생소하게 들릴지도 모릅니다. 하지만 내가 보기에 그것은 지난 2천 년 동안 사도들과 순교자들 그리고 위대한 신학자들과 신실한 그리스도인들이 부단히 걸어온 길입니다. 그것은 눈에 보이는 넓은 길이 아니고 하나님 나라를 향해 시대마다 새롭게 열리는 좁고도 끝이 없는 길이지요. 그래서 그 누구도 '이것이 그것이다'라고 명시적으로 규정하지는 못하겠지만, 기독교와 기독교 신학은 지금까지 그렇게 만들어지고, 또 바로 그렇게 성장해 왔습니다. 나는 나 자신과 여러분도 그 위대한 전통의 일부가 되는 길로 함께 나아가길 소망합니다. 이것이 그리스도인이 왜 인문학을 공부하지 않으면 안 되는가에 대한 한 인문학자의 대답입니다. 감사합니다!

주

1 테르툴리아누스, 『이단을 논박하는 취득시효』, 7(The Ante-Nicene Fathers, 3:246).
2 참고. 알렉산드리아의 클레멘스, 『학설집』, 1, 20.
3 예컨대 예수님도 "나와 아버지는 하나이니라"(요한복음 10:30), "보혜사 곧 아버지께서 내 이름으로 보내실 성령"(요한복음 14:26)과 같이 단편적으로 교훈했고, "너희는 가서 모든 민족을 제자로 삼아 아버지와 아들과 성령의 이름으로 세례를 베풀고"(마태복음 28:19)라고 선언적으로 가르치셨을 뿐, 성서 그 어디에도 삼위일체에 대한 명시적 설명이 없다.
4 알비누스는 중기 플라톤주의자인 가이우스의 제자로, 알키누스(Alcinous) 라고도 불린다. 중기 플라톤주의자 가운데 대표적 인물은 카에로네아의 플루타르코스이지만, 오늘날 전해 오는 중기 플라톤주의 저술은 알비누스의 『교훈집』뿐이어서 그가 중요한 위치를 차지한다.
5 자세한 내용은 김용규, 『신: 인문학으로 읽는 하나님과 서양 문명 이야기』, IVP, 2018, pp. 710-726를 보라.
6 자세한 내용은 김용규, 『신』, pp. 132-138를 보라.
7 플로티노스는 제자들에게 구술로 가르치고 책을 쓰지 않았다. 『엔네아데스』는 그의 제자 포르피리오스(Porphyrios, ?232-?305)가 스승의 가르침을 양피지 두루마리에 받아 적은 것인데, 나중에 모두 합하니 '아홉 벌씩 묶어 여섯 권'이었다. '엔네아데스'(Enneades)라는 말은 "아홉 벌씩 묶은 책"이라는 뜻을 가지고 있다.
8 자세한 내용은 김용규, 『신』, pp. 460-461를 보라.

9 아우구스티누스, 『고백록』, 7, 9.
10 이 같은 일은 주로 안디옥 교구에서 일어났다. 당시 알렉산드리아 교구의 주축이었던 '오리게네스 우파'는 아버지와 아들이 영원한 하나의 실체(*homoousion tōpatri*)라는 '내재적 삼위일체론'(the immanent trinity)과 성육신을 받아들였다. 그러나 안디옥 교구의 주축이었던 '오리게네스 좌파'는 아들은 아버지의 형상이자 얼굴이며 본질로서 아버지와 유사하지만(*homoiousios tōpatri*) 아버지 자신은 아니며, 오직 구원 사역을 위해 아버지로부터 나왔다는 경륜적 삼위일체론(the economic trinity)을 주장하며 성육신을 받아들이길 꺼렸다. 이것이 삼위일체 논쟁뿐 아니라 후일 그리스도론 논쟁으로도 이어진다. 이에 대한 자세한 내용은 김용규, 『신』, pp. 748-754를 보라.
11 자세한 내용은 김용규, 『신』, pp. 755-766를 보라.
12 로이 배튼하우스, "성 아우구스티누스의 생애", 로이 배튼하우스 편, 현재규 역, 『아우구스티누스 연구 핸드북』, CH북스, 1997, p. 76.
13 "어느 누구도 플라톤주의자들보다 우리에게 더 가깝지 않다"(『신국론』, 8. 5.)라는 아우구스티누스의 말이 예시하듯이, 그의 신학은 기독교적 플라톤주의가 맺은 위대한 열매다. 이 때문에 예컨대 안데르스 니그렌(Anders Nygren)은 "그의 일생 동안 아우구스티누스는 신플라톤주의적 그리스도인으로 남아 있다"(『아가페와 에로스』, 2. 2. 240)라고 단언했고, 인디애나 대학교의 로이 배튼하우스(Roy W. Battenhouse) 교수는 다음과 같이 매우 적절하게 평가했다. "루프스(T. Loofs)와 같이 아우구스티누스의 기독교는 '단순히 기독교의 빛깔을 띤 신플라톤주의'(simply Neo-Platonism with a Christian tint)였다고 말하는 것이 아니라, 오히려 질송(E. Gilson)의 견해와 일치한다. 그는 아우구스티누스가 믿는 기독교를 '신플라톤주의 빛깔을 띤 기독교'(a Christianity tinted with Neo-Platonism)라고 부르는바, 이것이 더 적절하다"(로이 배튼하우스, "성 아우구스티누스의 생애", 『아우구스티누스 연구 핸드북』, p. 34). 자세한 내용은 김용규, 『신』 pp. 249-264를 보라.
14 자세한 내용은 김용규, 『신』, pp. 114-125를 보라.
15 아우구스티누스는 존재의 계층적 질서를 플라톤의 분여 이론에 근거해서

만 이해했다. 하지만 토마스 아퀴나스는 '분여'(*participatio*)뿐 아니라 아리스토텔레스의 '유사'(*similitudo*) 개념까지 접목하여 확장해 이해했다. 요컨대 분여된 것들은 적든 많든 어쨌든 원형과 유사하다는 것이다. 여기서 그의 '존재유비' 이론이 나왔다.

16 이 문구는 이탈리아의 벨라르미노 추기경(Roberto Francesco Romolo Bellarmino, 1542-1621)이 자신의 논문 제목으로 사용한 것인데, 존재의 계층구조(*hierarchia*)를 상징하는 말로 유명하다.

17 존 밀턴, 『실낙원』, 5, 505-510.

18 참고. E. Brunner, *Natur und Gnade*, Tübingen, J. C. B. Mohr, 1934, p. 26. 자세한 내용은 김용규, 『신』, pp. 545-549를 보라.

19 참고. K. Barth, "Nein: Antwort an Emil Brunner"(1934), in *Dialektische Theologie in Scheidung und Bewährung*, Theol. Bücherei 34, pp. 253-254.

20 K. Barth, *Die Kirchliche Dogmatik*, München, Chr. Kaiser, 1932, 1/1: Vorwort 8.

21 단테는 『신곡』 1부 "지옥편"에서, 단테와 그를 인도하는 고대 로마의 시인 베르길리우스(P. Vergilius Maro, 기원전 70-19)의 영혼이 제7지옥에서 카파네우스의 영혼을 만나는 장면을 묘사한다. 카파네우스는 유피테르(제우스)를 모독한 죄로 벼락에 맞아 죽어 지옥에서 벌을 받으며 분노를 터트리고 있다. 그런데 베르길리우스는 단테에게 카파네우스가 아직도 반성하지 않고, 야훼를(유피테르가 아니다!) 섬기지 않고 반항하고 있다고 말한다. 자세한 내용은 김용규, 『신』, pp. 32-35를 보라.

22 참고. 에르빈 파노프스키, 이한순 역, 『도상해석학 연구』, 시공사, 2002, p. 323이하.

23 참고. 요한 요아힘 빙켈만, 민주식 역, 『그리스 미술 모방론』, 이론과실천, 1995, p. 28.

24 자세한 내용은 김용규, 『신』, IVP, 2018, pp. 526-528를 보라.

25 이 이야기는 2세기 말 테르툴리아누스가 처음 내놓았고[『영혼에 대하여』(*De anima*), 20.] 4세기에는 성 히에로니무스(St. Hieronymus, 영어로는 St. Jerome)가 주장했다[『고귀한 남성에 대하여』(*De viris illustribus*), ill. 12].

26 참고. 앨버트 벨, 오광만 역, 『신약 시대의 사회와 문화』, 생명의말씀사, 2008, p. 149. 자세한 내용은 김용규, 『신』, pp. 516-524를 보라.
27 참고. 제임스 던, 박문재 역, 『바울 신학』, CH북스, 2003, p. 99.
28 참고. 요한네스 힐쉬베르거, 강성위 역, 『서양 철학사』, 1권, 이문출판사, 2008, p. 326.
29 참고. 게리 윌스, 김창락 역, 『바울은 그렇게 가르치지 않았다』, 돋을새김, 2007, p. 7.
30 루터는 신학적 측면에서는 당시 인문주의자들과 함께하기 어려웠다. 하지만 그는 인문주의를 옹호하여 비텐베르크를 중심으로 한 인근 대학들에 인문주의 교과 과정을 개설하게 했다. 이유는 그가 대학에서 아리스토텔레스의 논리학이나 형이상학 같은 전통적 스콜라주의 학문만 가르치고, 성서 주석과 신학적 사고 훈련에 필요한 수사학, 언어, 역사 같은 인문학을 가르치지 않는다면 종교개혁의 핵심인 신학 개혁이 불가능하다고 생각했기 때문이다.
31 참고. 존 프레임, 조계광 역, 『서양 철학과 신학의 역사』, 생명의말씀사, 2018, pp. 437-653. 이 책은 지난 2천 년 동안 기독교 신학이 서양 철학에 어떻게 영향을 받아 왔는가를 역사적으로 살펴본 책으로 이 부분에 관심 있는 독자들에게 추천할 만하다.
32 참고. 김덕호, "사회 다윈주의", 김영한·임지현 편, 『서양의 지적 운동 I』, 지식산업사, 1994, pp. 590-591.
33 참고. 알리스터 맥그래스, 박규태 역, 『기독교, 그 위험한 사상의 역사』, 국제제자훈련원, 2009, pp. 617-618.; 김용규, 『신』, pp. 452-454.
34 참고. 존 프레임, 『서양 철학과 신학의 역사』, pp. 458-459.
35 참고. 도로테 죌레, 서광선 역, 『현대신학의 패러다임』, 한국신학연구소, 2006(개정판 3쇄), PP. 29-33. "부르주아 자유주의 신학은 현대 세계에서는 국가는 경제, 정치 문제를 관장하고, 교회는 개인의 사적 영혼을 구원하도록 하는 역사적 상황을 만들어 냈다고 주장한다. 그러나 눌린 자들에게는 이러한 자유주의적인 신화가 가능하지 않았다"(같은 책, pp. 30-31).
36 같은 책, p. 32.
37 "토론의 목표는 불일치(*paralogie*)이다"라고 극단적 주장을 하는 리오타르

에 있어서, '이성'이란 '다원적 이성' 또는 '불일치의 이성'(*para-logos*)이어야만 한다. 따라서 이 이성 안에는 당연히 '일치' 내지 '획일화' 같은 폭력이 없다(참고. 장 프랑수아 리오타르, 이현복 역, 『포스트모던적 조건』, 서광사, 1992, p. 143이하).

38 존 카푸토, 김완종·박규철 역, 『포스트모던 시대의 철학과 신학』, 기독교문서선교회, 2016, p. 17.

39 참고. 이마누엘 칸트, 『순수이성비판』, B 75.

40 근대성과 탈근대성의 차이에 대해 '컵의 손잡이'와 같은 예로 설명하는 입장을 철학자들은 보통 '관점주의'라 한다. 관점주의(Perspektivismus)는 칸트의 인식론, 실증주의와 같은 근대적 이성이 추구하는 객관성에 대항하는 니체의 주장이다. 그 핵심 주장은 인식은 객관적 판단이 아니라 가치각인적 해석이다. 따라서 인식은 가치 창조이며 의미해석이라는 것이다. 요컨대 니체의 관점주의는 인식에서의 사실(Faktum)과 가치(Wert)의 이분법을 해소하고 인식과 도덕에 대한 다원론적 입장을 견지한다는 점에서 포스트모더니즘의 선구라 할 수 있다.

41 존 카푸토, 『포스트모던 시대의 철학과 신학』, p. 14. 흥미로운 것은 포스트모더니즘이 신학에 긍정적 역할을 할 수 있다고 보는 신학자들(카푸토, 스미스, 웨스트팔 등)은 바울을 자신들의 입장에 대한 지지자로 여긴다는 점이다. "모든 사람은 거짓되되 오직 하나님은 참되시다 할지어다"(로마서 3:4)와 같은 바울의 말이 인간의 인식과 가치의 다원론적 입장을 지지한다고 해석하기 때문이다.

42 스미스는 "포스트모더니티의 '메타이야기에 대한 불신'은 오히려 현대 상황에서 종교적 사고의 기회로 이해되어야만 한다. 다시 말하자면 적이 아니라 친구로 이해되어야 한다"(제임스 스미스, "메타내러티브들에 대한 작은 이야기", 마이런 펜너 편집, 한상화 역, 『기독교와 포스트모던 전환』, 기독교문서선교회, 2013, p. 209)라고 했다.

43 스미스는 이 말을 "계몽주의적 합리성에 대한 포스트모던 비판을 기독교적으로 수용할 수 있는 하나의 새로운 여지가 생긴다"(같은 책, p. 223)라고 했다.

44 Mark C. Taylor, *Erring: A Postmodern A/theology*, University of

Chicago Press, 1987, p. 6.

45 참고. J. 데리다, "최근 철학에 제기된 묵시론적 목소리에 관하여"(1985), 이진우 편, 『포스트모더니즘의 철학적 이해』, 서광사, 1991, p. 186.

46 참고. 한상화, 『포스트모던 사상과 복음주의 신학』, 기독교문서선교회, 2008, pp. 209-221.

47 테리 이글턴, 조은경 역, 『신의 죽음 그리고 문화』, 알마, 2017, p. 6. 이글턴은 "근대의 역사는 다른 무엇보다 신의 대리자를 찾는 일에 집중한다. 이성, 자연, 정신, 문화, 예술, 숭고함, 민족, 국가, 인류, 존재, 사회, 타자, 욕구, 삶의 원동력과 개인적 관계 등이 모두 이따금씩 신의 대체자 역할을 했다"라고도 주장한다(같은 책, p. 65).

48 참고. 한상화, 『포스트모던 사상과 복음주의 신학』, pp. 199-204.

49 만유재신론은 유신론과 범신론 사이에 있다. 즉 신은 세계를 초월하지 않고 포괄하는데, 그렇다고 해서 범신론처럼 신과 세계가 하나인 것은 아니다. 육체 안에 영혼이 있는 것과 같이 신이 세계 안에 있는 것으로, 우주는 신의 몸(God's body)이고 신은 우주의 영혼(the soul of the universe)이다. 따라서 신과 세계는 상호의존적이다.

50 참고. 존 프레임, 『서양 철학과 신학의 역사』, pp. 636-642.

51 이에 대한 카푸토와 스미스의 주장은 이렇다. 성서의 이야기는 리오타르가 말하는 큰 이야기—카푸토와 스미스는 메타내러티브라 부른다—에 속하지 않는다. 리오타르의 메타내러티브는 "보편적 이성에 호소함으로써 그 이야기를 합리화할 수 있다는 주장"을 하는 이야기다. 예컨대 헤겔의 정신의 변증법, 슐라이어마허의 의미의 해석학, 칸트의 이성의 해방, 마르크스의 노동하는 주체, 스미스의 부의 창출 등이 그것들이다. 그런데 성서의 이야기는 다른 신화들과 마찬가지로 이성의 산물이 아니고 이성에 호소하지 않는다는 점에서 메타내러티브가 아니다. 이 때문에 메타내러티브에 대한 불신인 포스모더니즘은 성서의 이야기에 대한 불신이 아니다(참고. 존 카푸토, 『포스트모던 시대의 철학과 신학』; 제임스 스미스, "메타내러티브들에 대한 작은 이야기", 마이런 펜너 편집, 『기독교와 포스트모던 전환』). 그러나 이에 대한 반론도 만만치 않다. 이에 관한 논쟁에 대해서는 같은 책에 실린 다양한 반론들—특히 케빈 밴후저, "순례자의 이탈: 포스트/모던 방식에 대한

기독교적 사고"—을 추천한다.

52 포스트모더니즘과 기독교 신학에 대한 안내서로는 한상화, 『포스트모던 사상과 복음주의 신학』을, 보다 심도 있는 탐구를 위해서는 마이너 펜너 편집, 『기독교와 포스트모던 전환』을 추천한다.

53 참고. 아리스토텔레스, 『형이상학』, 1003a 21-32.

54 안드로니코스는 아리스토텔레스 사후 그의 저작물들을 편집하는 과정에서, 제일 철학 부분을 순서상 자연학 뒤에 놓고 '자연학(physika) 다음에'라는 뜻의 그리스어 '메타 타 피지카(meta ta physika)라는 이름을 붙였다. 그것을 우리말로 번역하면서 형체가 없는 것들을 연구하는 학문이라는 뜻으로 '형이상학'(形而上學)이라고 부르게 되었다.

55 참고. 아리스토텔레스, 『형이상학』, 1026a 27-33.

56 참고. 토마스 아퀴나스, 『신학대전』, 1a 1. 5.

57 칼빈은 요한계시록을 제외한 신구약성서 거의 전체를 강해 설교했다. 그 가운데 700여 편이 전해 오는데, '십계명'이 들어 있는 신명기와 욥기에 대한 설교가 당시 성도들에게 가장 인기가 있었다고 한다. 칼빈의 신명기 설교집이 3년간 5쇄, 욥기 설교집은 10년간 5쇄가 출간되었는데, 역시 당시로는 매우 놀랄 만한 일이었다.

58 유발 하라리, 김명주 역, 『호모 데우스』, 김영사, 2017, p. 534.

59 같은 책, pp. 38-39.

60 참고. 같은 책, pp. 80-81.

61 프리드리히 니체, 안성찬·홍사현 역, 『즐거운 학문』(니체전집 12), 책세상, 2005, p. 200.

62 안셀무스, 『모놀로기온』, 16.

63 참고. 프랭클린 보머, 조호연 역, 『유럽 근현대 지성사』, 현대지성사, 1999, p. 514.

64 프리드리히 니체, 『즐거운 학문』, p. 200.

65 "현대 사회는 실패해서가 아니라 성공해서 병을 앓는다는 것이다. 그렇게 본다면 대량실업은 실패가 아니라 성공의 기호다. 점점 더 적은 인력으로 최대한의 제품을 생산할 수 있는 것은 생산성의 증가 때문이 아닌가, 의료 기술의 성공으로 평균 기대수명은 높아졌다. 그 결과 연금제도가 삐걱거린

다. 오존구멍, 심지어 핵위험과 과학·기술이 거둔 승리의 '부작용'이다"(울리히 벡, 박미애·이진우 역, 『글로벌 위험사회』, 도서출판 길, 2010, pp. 51-52).
66 지그문트 바우만, 함규진 역, 『유동하는 공포』, 산책자, 2009, p. 163.
67 같은 말을 벡은 "세계주민의 의도와 무관하게 그들의 표결 없이, 그들의 동의 없이 '하나가 되었기' 때문에 문화와 과거, 상황, 종교 간의 대립이 특히 기후 변화와 테러리즘, 핵에너지 핵무기 같은 글로벌 리스크를 판단하고 그에 대처하는 방식에서 분명하게 드러난다"(울리히 벡, 『글로벌 위험 사회』, p. 35)라고 했다.
68 지그문트 바우만, 『유동하는 공포』, pp. 113-114.
69 같은 책, p. 15.
70 참고. 유발 하라리, 『호모 데우스』, pp. 455-457
71 참고. 같은 책, pp. 465-466.
72 테리 이글턴, 강주헌 역, 『신을 옹호하다』, 모멘토, 2010, p. 44.
73 장 프랑수아 리오타르, 『포스트모던적 조건』, 서광사, p. 14.
74 J. F. Lyotard, *Die Vernunftverwirrung, Grabmal des Intellektuellen*, Graz, Wien: Böhlau, 1985, p. 38.
75 호르헤 라라인, 김범춘 외 역, 『이데올로기와 문화정체성』, 모티브북, 2009, p. 12.
76 칸트의 『순수이성비판』에는 "내용 없는 사고는 공허하며, 개념 없는 직관은 맹목이다"라는 구절이 있는데, 이 책을 통틀어 가장 유명한 이 한마디가 대륙의 합리론(내용 없는 사고)과 영국의 경험론(개념 없는 직관)을 종합하는 시발점이다.
77 레오나르도 보프는 스페인의 제11차 톨레도 공의회(Council of Toledo, 675)뿐 아니라 피렌체 공의회(the Council of Florence, 1438-1445)에서도 "아버지는 전적으로 아들 안에 계시고, 아들은 전적으로 아버지 안에 계시고, 또 전적으로 성령 안에 계시며, 성령은 전적으로 아버지 안에 계시고, 또 전적으로 아들 안에 계신다"라는 식으로 삼위일체의 페리코레시스에 해당하는 내용이 선언되었다고 주장한다(참고. L. Boff, *Trinity and Society*, Maryknoll; Orbis Book, 1988, p. 135).
78 참고. J. Moltmann, *History and the Triune God*, trans. J. Bowden,

New York: Crossroad, 1992, pp. 85, 131.

79 참고. J. Moltmann, *The Trinity and the Kingdom of God*, trans. M. Kohl. San Francisco: Harper Collins, 1981, p. 157이하.

80 J. Moltmann, *The Coming of God*, trans. M. Kohl. Minneapolis: Fortress Press, 1996, p. 301.

81 참고. 아우구스티누스, 『기독교 교육론』, 1. 23.

82 참고. 같은 책, 1. 26.

83 케빈 밴후저, "순례자의 이탈: 포스트/모던 방식에 대한 기독교적 사고", 『기독교와 포스트모던 전환』, p. 146.

그리스도인은 왜 인문학을 공부해야 하는가?

초판 발행_ 2019년 3월 4일
초판 5쇄_ 2023년 8월 10일

지은이_ 김용규
펴낸이_ 정모세

펴낸곳_ 한국기독학생회출판부
등록번호_ 제2001-000198호(1978.6.1)
주소_ 04031 서울시 마포구 동교로 156-10
대표 전화_ (02)337-2257 팩스_ (02)337-2258
영업 전화_ (02)338-2282 팩스_ 080-915-1515
홈페이지_ http://www.ivp.co.kr 이메일_ ivp@ivp.co.kr
ISBN 978-89-328-1697-5
ISBN 978-89-328-1696-8(세트)

ⓒ 김용규 2019

책값은 뒤표지에 있습니다.
무단 전재와 복제를 금합니다.